1991 年王元

1981 年华罗庚与王元

1981 年王元与陈省身

2002 年 11 月 11 日，杨振宁给王元颁发吴大猷科学普及著作金签奖

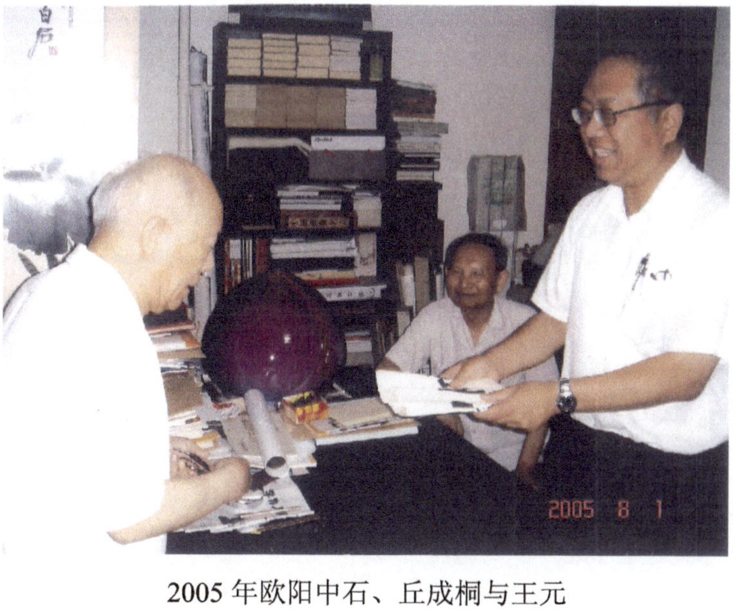

2005 年欧阳中石、丘成桐与王元

1991 年苏步青、胡和生与王元在日本

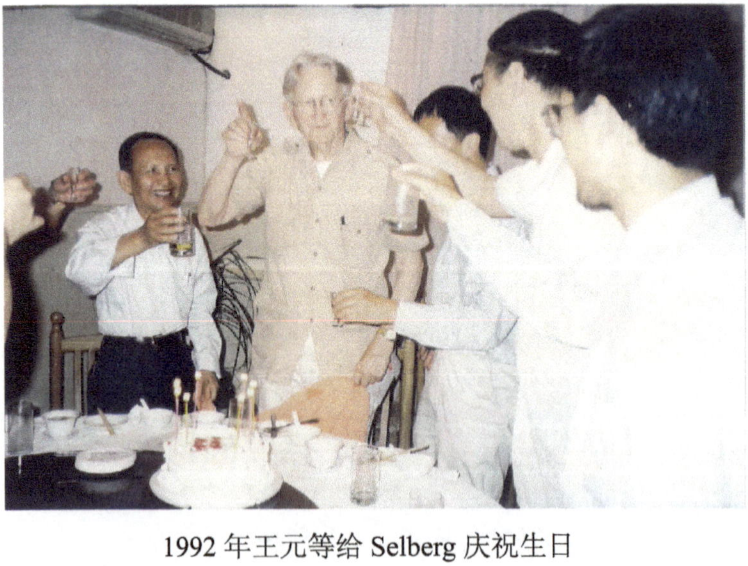

1992 年王元等给 Selberg 庆祝生日

1980 年新当选的 50 岁以下的中国科学院部分学部委员(院士)合影

王元读书笔记

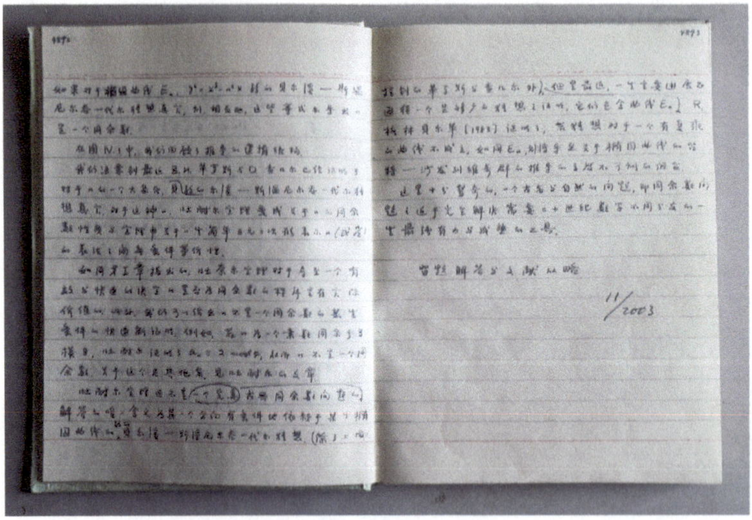

笔记中的一页

中国科协老科学家学术成长资料采集工程

我的数学生活——王元访谈录

王　元　口述

李文林　杨　静　访问整理

科学出版社

北　京

内 容 简 介

本书是一本以王元院士的数学研究经历为主的自传体访谈录.

前3章记录了王元的童年与求学经历; 第4, 5章详细回溯了王元研究哥德巴赫猜想的道路, 从动机到方法创新及国际评价; 第6, 8章介绍了王元从事应用数学研究的途径及见解; 第7章记述了他在代数数论方面的工作; 第9章描述了王元在数学史方面的工作与体会; 第10章简述了王元在数学研究之外的工作与爱好.

本书适合本科生、研究生、科研工作者、数学爱好者阅读.

图书在版编目(CIP)数据

我的数学生活：王元访谈录/王元口述; 李文林, 杨静访问整理. —北京: 科学出版社, 2020.4

ISBN 978-7-03-064396-4

Ⅰ. ①我… Ⅱ. ①王… ②李… ③杨… Ⅲ.①王元–访问记 Ⅳ. ①K826.11

中国版本图书馆 CIP 数据核字 (2020) 第019760号

责任编辑: 胡庆家 / 责任校对: 彭珍珍
责任印制: 吴兆东 / 封面设计: 黄华斌

科学出版社 出版
北京东黄城根北街16号
邮政编码: 100717
http://www.sciencep.com

北京虎彩文化传播有限公司 印刷

科学出版社发行 各地新华书店经销

*

2020年4月第 一 版 开本: 720×1000 B5
2021年10月第三次印刷 印张: 11 7/8
字数: 120 000

定价: 68.00 元

(如有印装质量问题, 我社负责调换)

序

早在 1982 年, 应日本《科学》杂志之邀, 我写了一篇《我的数学生活》, 讲述我从事数学研究的经过 (见《科学》, 1982, 51(2): 89-94), 后来又做了补充《我的回忆》(见日本期刊《数学讨论班》, 1983: 58-60). 该文经修改补充后, 收录于我的杂文集《王元论哥德巴赫猜想》(山东教育出版社, 1999) 之中.

随后, 我想写一本书, 详细叙述我的数学生活, 一共写了四章, 即 “童年” “中学” “大学生活追忆” “结缘数论”, 成为我自编的杂文集《王元谈求学之路》(大连理工大学出版社, 2009).

我年老多病, 所以我的数学生活的主要部分: 筛法与哥德巴赫猜想、丢番图分析、数论在近似分析中的应用 (与华罗庚合作)、统计中的数学方法 (与方开泰合作), 及数学史的研究, 实在难以仔细写出, 只写了一些片段回忆文字.

本拟放弃这个写作计划, 承蒙老朋友李文林与新秀杨静表示愿意帮助我完成这个写作计划. 我实在太感谢了. 我们三人每周讨论半天, 共讨论了二十多次, 由他们提问, 我作答, 会后再分头工作. 杨静还负责打字, 工作很繁琐.

经协商, 书名定为《我的数学生活——王元访谈录》, 王元口述, 李文林、杨静访问整理. 往后, 如果有人认为我还有可以撰写的地方, 他们可以写, 但我本人就不再涉及了.

王　元

2018 年 9 月 14 日

王元与访谈整理者合影 (2019 年)

前　言

王元院士曾多次强调：对一个数学家来说，最重要的是数学!《我的数学生活——王元访谈录》一如书名所示，是一本以王元院士的数学研究经历为主的自传体访谈录.

哥德巴赫猜想研究无疑是王元院士数学生涯中最闪亮的篇章. 王元于 1957 年发表的哥德巴赫猜想研究结果 (2, 3)，是新中国学者在世界数学难题研究领域夺得的第一块金牌. 哥德巴赫猜想是与黎曼猜想和孪生素数猜想一起列入著名的希尔伯特数学问题的旷世名题，它们至今虽都未获最终解决，但却是数学新思想和新方法的孵化器，或者借用希尔伯特的比喻是“会下金蛋的鹅”. 王元的研究正是由于方法上的创新而引领了随后中国数学家的登山路线，并为国际同行所引用与称道. 哥德巴赫猜想研究无疑是中国现代数学史上的一座高峰，王元的成果在哥德巴赫猜想研究史上留下了清晰的足迹. 在本书的第 4, 5 章，王元详细回溯了研究哥德巴赫猜想的道路，从动机到方法创新及国际评价. 如果你想了解一项世界一流的数学成果是怎样出炉并希望从中获得借鉴,那么本书中原生态的记述绝对是值得研读的科学文献.

继哥德巴赫猜想研究之后, 王元将目光转向了数论的应用. 他与老师华罗庚合作, 将数论方法应用于多重积分计算, 创造了在国际上以“华–王方法”著称的数值积分方法. 20 世纪 80 年代以后, 王元又与比他年轻的同事方开泰教授合作, 将数论方法应用于数理统计, 创造了在工农业生产与国防部门有广泛应用的“均匀设计法”. 数论被英国数学家哈代认为是最纯粹无用的数学领域, 王元与他人的合作研究却风生水起, 开拓了数论应用的新天地. 由本书第 6 和第 8 章, 我们可以了解王元对应用数学的见解和他从事应用数学研究的途径. 尤其是, 我们看到这位数学家是怎样总能在合适的时机选择合适的方向并做出留下历史痕迹的成果. 另外, 王元在数论应用方面的工作, 为我们提供了在数学研究中富有成效的双赢合作的范例.

王元在与华罗庚合作创立近似积分数论方法的过程中,用到了大量的代数数论知识,这促使他在此后一个时期内重新回到纯粹数论的研究. 这一时期的工作以专著《代数数域上的丢番图方程与不等式》的出版而终结. 国外专家评论王元在这一领域的工作是“对与哈代–李特尔伍德圆法有关的文献的有价值的贡献”, 本书第 7 章“重回数学”记述了王元的这一段研究经历.

王元是一位十分重视数学发展历史的数学家, 1985 年开始亲自开展数学史研究, 其代表著述是《哥德巴赫猜想》和《华罗庚》. 前者是对哥德巴赫猜想历史的附有原始文献的系统梳理. 能够载入史册的工作应该植根于历史的土壤, 建立在对自己研究的领域的历史发展有深刻理解的基础之上. 王元的《哥德巴赫猜想》, 再次印证了这一真理. 传记作品《华罗庚》真实生动地刻画了现代中国最重要的数学家——华罗庚的工作与生平, 同时以华罗庚为中心, 描述了 20 世纪 20 年代以来中国现代数学史的一些重要片断. 该书已由国际著名的施普林格出版社译成英文出版, 是施普林格出版社迄今出版过的唯一一部中国数学家的传记. 从本书第 9 章 “数学史浅尝”, 我们可以看到王元进行这两项数学史研究的缘起、经过与体会, 可以领略王元对数学史的富有启益的认识.

这里需要指出的是, 对于王元的每一部代表性专著, 本访谈录中都收载有相应领域一流专家在主流刊物上公开发表的长篇评论. 学术评价是严肃的事情, 我们认为, 这样的同行客观评议应该是科学传记著述中反映科学家贡献水平不可或缺的主要依据.

尽管本书着重于学术生涯, 但读者仍然可以从中强烈地感受到王元院士的人格魅力.

在我们对他的访谈中, 王元不止一次说道：人应该 “恰如其分地估计自己". 正是这种恰当的自我估计, 使王元能面对知识海洋和前辈大师保持着谦逊, 不停地从一个梯级向另一个梯级攀登. 王元出道颇早, 早在 1956 年他 (与波兰数学家合作在数论函数方面的成果) 曾经被作为 "向科学进军" 的青年科学家标兵而在《中国青年报》上大幅宣传报道过. 然而他没有为这些宣传报道所动, 而是默默地朝着另一个更宏大的目标前进了. "不要过分陶醉于自己已经做了些什么, 始终有个危机感, 这样就永远不存在自满的可能性. " 作为国际知名的数学家和中国科学院院士, 王元始终低调行事. 他常常会将一些可以引为荣耀之事隐而不宣; 作为中国科学院研究员, 他几乎没有什么社会兼职, 尽管有不少单位向他发出了热忱的邀请; 出于组织安排和众人推举, 他担任过中国科学院数学研究所所长等行政职务并卓有业绩, 但一律坚持只做一届; 他是最早申请退休的院士, 也是主动提出不连任的政协委员 …… 对王元而言, 数学永远是他心灵的归宿.

"天才由于积累", 这是王元的老师华罗庚的名言, 也是王元的座右铭. 只要看看王元在访谈期间交给我们保存的读书笔记, 就足以了解他在科学攻坚的道路上付出了何等的辛劳. 这些读书笔记从王元大学时代开始, 总计达 4900 页之多!

魏尔斯特拉斯曾经说过, "一个数学家, 如果不是某种意义上的诗人, 就不能算是一个完美的数学家." 魏尔斯特拉斯本人并不擅诗, 他这番话的意思是强调完美的数学家必具备某种艺术素质. 王元从学生时代起就会拉胡琴和小提琴, 同时喜爱书画. 本书中展示了一幅王元高中二年级时的带有题字的铅笔画作品, 这幅作品让我们知道了王元后来在书法方面的成就并非无源之水. 关于书法, 王元在访谈中曾如此说: "对我而言, 书法不是一种技艺, 而是一门学问." 用研究哥德巴赫猜想一样的精神来探讨、历练书法, 使王元的书法达到了一种独上高楼的境界. 书法与数学的融汇, 也许是我们理解和欣赏王元书法艺术的一个合适视角.

王元六十岁以后体弱多病, 仅大型手术就做过三次, 但令人惊叹的是每次都能奇迹般地康复, 而通过本书的附录读者可以了解这奇迹在很大程度上可以说是与疾病斗争的顽强毅力的凯歌.

王元待人谦和, 对年轻学者尤其鼓励有加. 对于批评意见总能虚怀听取, 即使是对 "文化大革命" 期间受到的不公正遭遇, 他也往往是 "一笑泯恩仇".

所有这些, 使王元院士受到了普遍的尊敬, 大家亲切地称他为 "元老"!

由于王元院士坚持本书以学术经历为主的原则, 我们访谈中涉及的许多有意义的题材和精彩的故事都未能收录进本书之中. 而作为一本专业性的自传, 本书实际上应该说是王元院士本人的作品, 我们只是起了协助整理和编录的作用. 不过我们相信, 在访谈过程中积累的丰富素材, 为撰写一本面向更广泛的读者的传记奠定了基础.

王元院士对于编写自己的传记态度严谨,他邀请我们来一起完成这部自传性的访谈录,是对我们的信任,我们在感到荣幸的同时也感到一种历史责任.二十余次零距离的访谈,对我们来说其实是一个难得的学习过程.从治学之道到为人之道,感受至深,获益匪浅.希望本访谈录的整理出版,使广大的读者都能分享这种感受与获益,为追寻科技强国梦的中国科技界传递正能量,这正应该是科技史工作者最主要的职责.

我们的访谈是从 2018 年春夏之交开始的,已届米寿之年的元老,每次都会思路清晰地跟我们谈上两小时.整个访谈收尾已经是 2019 年年初,跨入八十九岁高龄的元老,每天清晨人们依然会在数学院思源楼看到他清瘦而又精干的身影,挥毫书法,思考数学,为研究院的发展操劳 …… 继续谱写着平实而又精彩的数学人生.在《我的数学生活——王元访谈录》付梓出版之际,让我们衷心祝愿王元院士——我们的元老健康长寿!

李文林　杨　静

2019 年 2 月

目 录

第1章 童　年

1.1 儿时印象

我的祖籍是江苏省镇江市, 但我是在 1930 年 4 月 15 日 (农历庚午年三月十七日) 出生于浙江省兰溪县的. 当时我的父亲王懋勤 (字勉初) 是兰溪县长. 我最初的名字叫王元兰. 因祖父已逝世, 而王家亲戚稀疏, 父亲得其诸舅舅的照顾与资助很多, 所以我们就按祖母朱家的“元”字辈排行. “兰”是纪念我生于兰溪. 上小学时, 将“兰”字去掉, 即现在的名字王元.

待我能记事时, 我们家已搬来杭州, 住在清波门荷花池头九号一个独门独院里. 此时, 父亲在省政府任科长. 家里除住房与客厅外, 还有前后院. 前院屋檐下放有一个大水缸, 用来接雨水. 后院里养了一些鸡, 每人一只, 我的那只是黑毛母鸡, 大家叫它黑老母鸡. 记得抗战全面爆发, 全家离开杭州时, 将它杀了, 我心里难过极了.

在我们的亲戚中, 我们家的经济比较宽裕, 我的祖母、两个姑姑与一个叔叔都住在我们家. 我的母亲汪纫秋是江苏宿迁人, 忠厚老实. 由于我的弟弟王元白 (读书时改名王克) 只比我小一岁, 所以由母亲带他. 我是由祖母带大的. 祖母是个非常精明能干的人. 后来我才知道, 祖父在四十多岁就逝世了. 那时父亲刚十八岁, 由父亲外出工作挣钱, 祖母操持家务, 将一个家支撑了起来. 父亲上有一兄一姐, 下有两个妹妹, 一个弟弟. 我的伯父与二姑姑在二十多岁即病逝. 父亲剩下的姐姐、妹妹与弟弟都是由祖母与他很艰难地抚育成人的. 小姑姑与叔叔还接受过中学教育.

除王克外, 我的大妹妹王元亢, 学名王之友, 生于 1933 年, 小妹妹王元凡, 学名王之士, 生于 1934 年. 我还记得在王之士出生时, 有人告诉我: "你妈妈生了一个大美人". 我在妈妈房门口, 叫了一声 "哇! ", 意思是别忘了家里还有我!

我是长子, 在家里颇受宠, 祖母很疼我, 父亲给她买的补品燕窝, 她总是分给我吃. 我在四岁时, 就与王克一道进了清波门小学幼稚园. 听说我很腼腆, 常常独自一个人坐在墙角里咬衣服边, 等待着家里人接我回家. 王克则非常大方, 受到幼稚园的奖励. 我父亲给了我几支铅笔, 是鸡牌与鸭牌. 我一直珍爱地保存到大学毕业后好几年, 直到铅笔都破裂了, 才将它们扔掉了.

1.2 搬　　家

进小学不久, 抗日战争就全面爆发了. 我们举家迁至兰溪水阁塘乡, 借住于蒋家大院. 我与王克进入蒋家宗祠办的小学念书. 我们家住房的对面就是铁甲山, 实际上是一座光秃秃的小山, 没有树. 我总想爬上去看看, 但没有爬过. 记得在学校里, 王克失手打了我一拳, 出了鼻血. 在以后的几年中, 有时还会流鼻血.

随着战火蔓延, 我们又乘火车继续内迁. 我还记得有一天半夜, 在一个月台上等车的时候, 看到国民党军官用皮鞭抽打一个逃兵, 惨不忍睹.

我们由浙江乘火车经江西到湖南, 在长沙住了些时候. 那时小姑夫冯文启与叔叔王懋勋都在柳州西南公路局做事. 我们就继续逃到柳州, 住在他们家里. 我还记得柳州的风景很美, 水果很便宜. 在柳州住了一段时间, 西南公路局正好有一个卡车队要运货去重庆. 我们两家人就分坐在各卡车司机侧座上, 经贵阳到了重庆. 一路上山峦起伏, 绿树成荫. 记得经过险要的钩丝岩时, 我们全都下车步行至山下的平地等候. 我看到山下有一些汽车残骸.

1939 年元旦, 母亲生了一个小弟弟王元旦, 学名王光. 我们在重庆住了不久, 就遇到日军大轰炸. 我们家只能再往乡下搬, 先搬到歌乐山, 住在半山腰新建的一排房子中的一个套间. 这里除了几家人外, 前后别无人烟, 也少树木, 相当孤单.

那时父亲任国民党中央组织部党籍登记处处长. 组织部的一些单位包括登记处, 搬至江北县悦来场乡下. 我们家几经搬迁, 最后于 1940 年落脚到石龙寨.

1.3 石 龙 寨

悦来场位于嘉陵江边, 对岸山顶上有一个石头围墙的寨子, 名叫石龙寨. 石龙寨下面就是赵家湾, 那里有一大片瓦房. 这片瓦房与石龙寨都属于朱典常所有. 赵家湾的房子租给了组织部在乡间部分办公使用. 石龙寨的后院由朱典常自家住, 前院有八九间房子, 则租给登记处几个领导住.

石龙寨是一个由石头墙围住的城堡式建筑, 有两个石门洞, 里面建筑颇讲究, 约有二十多间瓦房, 其他空余地方, 种有各种果树, 如龙眼、橘子、广柑等, 还有一个供休息的小亭子. 北城门旁有一个水偃式的水井, 水深时, 约有二三米深, 水浅时, 还不到一米深. 有石阶可达井底, 井的四周长满青苔与灌木. 听说不管多么干旱, 井都没有干过.

我们家住在前院的三间朝南房中, 中为客厅, 两边各有一间住房, 厨房在外. 房子四面有窗, 夏热冬凉, 不适宜居住. 但房前的院子很开阔, 有四株很大的桂花树. 秋天桂花开放时, 香飘万里. 天晴时, 站在寨子边上, 可以隐隐看见北碚与重庆机场. 寨子里有一条狗, 叫"乌驹", 很凶恶, 我们很怕它. 后来不知什么原因死掉了.

那时生活极苦, 吃的是有霉味的平价米, 米里有很多杂物. 母亲带着我们兄妹四人仔细将米中杂物挑出来, 然后才煮着吃. 穿的则是平价布. 晚上, 我们看到父母坐在灯光微弱的桐油灯下为我们兄弟姐妹缝衣服, 过得很和睦.

生活条件艰苦, 从而我们常常得病, 例如疟疾、痢疾、疥疮等. 我记得之士得过严重的痢疾, 骨瘦如柴, 父母都觉得她可能不行了, 但终于又慢慢地好了起来. 那时家里只有一瓶治疟疾的特效药奎宁丸, 不久就吃完了. 乡间缺医少药. 总算上天保佑, 我们每次都战胜了病魔, 大人平安, 孩子们都长大了.

到重庆后, 祖母与叔叔王懋勋就跟小姑夫冯文启一家一起过了. 他们搬到大西北去了, 直到抗战胜利后, 我们才见面. 祖母与母亲在表面上是很客气的. 母亲称祖母为 "娘", 祖母则称母亲为 "少奶奶". 但实际上, 母亲心情并不舒畅. 自从她嫁到王家后, 一直未成为真正的女主人, 而是由祖母主管整个家. 因那时二姑姑王懋临、小姑姑王懋喜与叔叔王懋勋还未成年, 需父亲抚养. 大姑姑王懋安虽已出嫁, 但生活不宽裕, 需父亲给予资助. 母亲向往着新式小家庭, 所以对现状感到不满. 祖母是个很聪明的人, 她当然会意识到这一点的. 在条件改变时, 即小女儿独立成家及小儿子工作后, 她就选择了跟女儿及终生未婚的小儿子过了. 从此以后, 就一直待在女儿的家里了. 我觉得这是现实造成的局面, 不存在是非问题.

1.4 小学回忆

由于战乱, 我们经常搬迁. 我已记不得一共转过几次学了. 在我十岁时, 即 1940 年, 我才开始正规地进了小学. 在逃难的颠簸途中，父亲抽空教我语文与算术，所以学业还没有完全荒废. 我与王克一同进入了赵家湾小学五年级. 实际上，这所小学是组织部职工自己办的. 自己职工任教师，学生大部分也是职工子弟，也有当地百姓的子女，很不正规. 我们每天早晨去上课，下午就玩玩. 我常常跟几个同学一起去抓青蛙、摸鱼、劈甘蔗. 我还敢抓住蛇尾巴，抖一抖，它就不动了.

同学不多，居然有几个人在几十年后又在不同场合之下碰面了. 例如杨志宏，他家是逃难来四川的，在悦来场开了一家小药店，以后进了上海交大，毕业后在纺织研究院工作. 杨定言 (女)，在重庆参军，曾在总政文工团当演员，后转业至北京文物局工作. 她长得很清秀，脖子较长，很活泼，同学叫她“长颈鹿”. 刘惟贤 (女)，会画各种京剧脸谱. 西门露沙 (女)，她是西门宗华的女儿，生于莫斯科，比较洋气，后来考取了清华大学，在《人民中国》杂志社工作. 她们三人都是父亲的同事或同事亲戚的女儿. 另外，还有谢正荣，是一个裁缝的儿子，现在台湾定居. 还有由北平随家逃来四川的乐安中，以后一直留在了重庆. 登记处科长高越天的儿子高子曼也是我同学. 高越天是父亲终身的朋友，直到晚年，他们还互相关心着. 高子曼也进了浙江大学，与我同届毕业，以后在全国政协时，曾有一届我们同编在一个组里.

我记得我接受一个新的数学概念总要比别人慢一些. 这一年，我们学到了分数. 我就弄不清楚为什么在分数加减时，必须先通分，这反映了我不了解分数的含义！我不愿意盲目地死记硬背、套公式，而是要弄清其中的道理，打破砂锅问到底！所以一旦弄清了道理, 就掌握得比较牢固了! 例如, 为什么二分之一等于四分之二? 恐怕至少过了半年, 我才逐渐明白了. 原来一张饼切成两块, 其中的一块就等于将一张饼切成四块中的两块. 因此, 将分数的分子与分母同乘一个相同的非零数之后, 分数是不变的! 这样一来, 分数的运算规则就自然清楚了.

1940 年冬, 父亲借来了一本儿童读物《爱的教育》, 由他读给我听, 慢慢地, 我就能自己读了. 我被书中充满了友爱的情节深深感动. 人是需要爱的, 也应该施爱于人. 这是我读过的第一本小说.

1941 年秋, 我与王克去寨子里的水井为家里抬水, 两个妹妹与王光也跟了去玩. 王光不慎掉进了水井. 那一年的夏天, 我与王克刚开始在乡下的一些堰塘里泡过几次水玩, 还不能漂浮起来, 更不会游泳. 我立即跳进了水里, 幸好水只有齐腰深, 我把他抱了出来.

2005 年, 我曾两次去重庆出差, 都去石龙寨看过. 原来的房子都被拆掉了, 围墙也只剩下墙基, 一片荒凉, 只有几间简陋的后盖的房子, 住着几家农民. 水井却完好如初, 一次遇到枯水, 一次遇到涨水.

1941 年秋, 我与王克转入较正规的高峰寺小学六年级读书. 学校与我们家隔着嘉陵江. 我与王克住在学校里, 那时我才十一岁. 起初每个周末, 父亲来校接我们回家, 星期一再送我们去学校. 后来, 我们就自己回家了. 记得校长叫周赟, 我们背后叫他"周文武贝". 有一次我得了病, 高烧不退, 已经神志不清了, 幸好周校长懂中医,给我开了几服中药,使我慢慢地痊愈了.

我记得语文老师会做新诗,我也跟着学.我觉得新诗就是将散文一句一句分开写.

算术老师是个姓朱的女老师.她教我"四则杂题",其中最典型的是"鸡兔同笼"问题.例如,一个笼子里装有鸡与兔子共8只,它们共有20只脚,问鸡与兔子各有多少只?我不愿意套用老师教的解题公式,这是因为我不明白公式的来由!慢慢地,我想到了,如果8只都是鸡,那么应该是16只脚,可见一定有兔子,于是减少一只鸡,即7只鸡与一只兔子,这时共18只脚.若再减去一只鸡,即6只鸡与2只兔子,这时正好20只脚.我就是用这种笨的推移法来求解这类问题的.这时再回过头来看看书上的公式,其实就是这种推移法加以形式化而已.我逐渐学会了自己思考问题.对于一些没有公式可套的"四则杂题",我也会求出解答了.每当我有了新的体会,总给我带来莫大的喜悦与满足.

我实在不会做的"四则杂题"就去问父亲,有时他想了几天,居然总能解决.但深究一下算术的道理,他就说不清了.父亲很聪明勤奋.我当时只知道祖父很早去世,父亲没有受过多少正规教育,靠自学成才.后来我看了他的日记摘抄,才知道他只受过正规的小学教育.

1942年夏,我小学毕业了.这年夏天,我学会了游泳,即学会了在水中漂浮起来,并划几下.

第2章 中学

2.1 二中记忆

我与王克同时报考了位于合川的国立第二中学 (二中) 与位于青木关的中央大学附属中学. 父亲因事不能带我们去考试, 而是由母亲的同乡、在组织部工作的朱宝昌带我们去考试的. 我们乘木船或步行. 这两座学校, 我们都被录取了. 由于著名的扬州中学是二中的老底子, 所以我们二人就选择了二中.

二中的本部及高中部 (男) 在朴岩寺, 初中部 (男) 位于蟠龙山下及山上, 而女中部在山的右侧. 这座山共有 108 级台阶. 山上是教室, 山下是行政办公室、学生宿舍、食堂, 也有教室. 绝大部分老师与同学都是逃难到四川来的所谓 "下江人". 大家格外亲切. 我们都住校, 只有寒暑假回家.

2005 年, 我曾去蟠龙山看过, 已建满了房子, 看不见山了. 山顶留有 "二中遗址", 一圈房子都是以后重建的, 只有天井里的四株树是当时栽的, 现已蓬勃成荫.

1947 年王元高中二年级所画

二中物质条件很差, 但大家过得很快活. 二中就像一座音乐学校, 同学们自己动手将竹子锯成筒子, 蒙上抓来的蛇剥下的皮, 做成二胡, 几乎人人能拉二胡. 丝竹之声充满了学校. 我是我们班二胡拉得较好的一个. 我喜欢粤曲明快的调子, 更喜欢刘天华的作品:《良宵》《病中吟》《光明行》《空山鸟语》等. 音乐老师姓钟, 据说是自学成才, 他擅长二胡. 我也喜欢绘画, 但只会临摹, 自己却创作不出一张像样的画来. 绘画老师姓邓, 善于画鸭子, 大家在背后称他为 "邓鸭子". 我还喜欢书法. 现在看来, 这些爱好对于提高我的文化素养有极大的好处.

我与王克进的实验班, 设在二中初中部. 过去的中学学制是初中与高中双轨制. 一些课程, 如几何、代数、物理、化学等, 初中学一遍, 高中时再学一遍. 在高中学习同一门课程时, 一方面温故而知新, 另一方面课程内容也加深了. 所谓实验班, 是实行六年一贯制, 各门功课都只学一遍. 实验班招收的是成绩较好的考生, 二中只办了两期, 我们班是第二期. 学校对实验班很重视, 请了一些有名的老师来授课. 我们的英文老师王楚生与数学老师张先生都很好, 英文是文法与课文轮换教, 数学用的是张先生自己编的讲义.

正课中, 我最喜欢数学与英文. 我喜欢数学理论的精确与严格的逻辑推导方法, 尤其喜欢平面几何中的 "假设—求证—证明" 这一套程式. 它需要我们对问题中的矛盾进行细致的分析, 逐步地深入再深入, 有时还要加几条 "辅助线" 才能完成问题的证明. 这种经过反复思考后才能找到解决问题的线索过程, 更能促使我奋力进取. 每当我经过一番努力将问题解决时, 总给我带来兴奋与满足. 初次接触代数时, 我就感到非常新奇与兴奋. 在小学时, 我感到非常困难的 "四则杂题" 怎么一下子变得这么容易了! 只要根据题意, 将欲求之答案设为未知数, 然后列出方程, 解方程即得出答案, 非常清楚. 在学了三角课之后, 我很高兴地看到直角三角形的边与角满足的一系列代数关系式 (恒等式) 及它们的实际应用, 例如可以测量房子的高度与河的宽度等. 在离开二中以后, 我学习了解析几何, 又一次兴奋地看到了用代数方法可以很容易地解决一些困难的平面几何问题. 与用代数解决 “四则杂题” 一样, 几乎可以不要动脑筋了. 我领教了代数的神奇与力量, 它似乎始终伴随着我的成长.

我还喜欢英语, 这是由于接触一种新的语言. 它的语法与汉语完全不同, 看见字就可以用英语拼音法将它念出来, 这使我感受到英语的优点. 对初学者来说, 英语是比较困难的, 但却反而激发了我的好奇心与钻研劲头.

在二中时, 书法、作文与英文背诵比赛, 我都拿过学校的获奖名次. 我不喜欢一些以叙述为主的课程, 如地理、历史、博物等. 我觉得自己看看课本就都懂了, 不愿意花时间学习这些课程, 所以我的考试总平均成绩也就是中等略偏上一点.

课余我喜欢看看小说、电影或学生自己的演出, 下象棋、打桥牌与游泳等. 合川有一条小河叫石龙过江, 我们常去游泳. 我还喜欢远足. 记得一年春天, 我们班去了钓鱼城玩, 险要的山堡, 遍地的黄花, 真美. 还有一年秋天去远足, 路过一个橘子林, 主人允许我们随便吃, 只要不带走就行了.

2005 年, 我又去了钓鱼城, 但已与原来的印象对不上号了.

在童子军活动中, 举行过一次野外露营, 自己挖一个坑, 支上一个锅, 自己炒菜做饭吃, 晚上互相偷营, 至今还记忆犹新.

合川城里有一个小电影院, 放点老片子, 如《荒江女侠》, 偶尔放点外国片子, 如《月光宝盒》, 还有些演出. 现在看来, 演出水平当然较低, 但当时还是看得津津有味的. 1943 年, 青年剧社在合川公演话剧《野玫瑰》, 由军委会特训班学兵与二中高中学生负责维持秩序. 因误会发生冲突, 特训班学兵有枪, 竟鸣枪, 使二中学生郑学朴重伤殒命. 我与王克均在场, 幸好未受波及.

1944 年夏, 我陪王之友赴合川报考二中女中部被录取. 次年夏, 由王克伴送王之士赴合川报考二中, 亦被录取. 这样我们兄妹四人就同校了.

小学同学杨定言、刘惟贤、谢正荣与乐安中都先后进了二中. 几十年后, 我们还碰到或联系过. 还有实验班的同学胡世迪、王家培与储晋才都住在北京, 丰顺烈住在台北, 我们通过信. 同级普通班的中科院戴元本院士, 经常见面.

2.2 市立六中

1945 年, 日本宣告投降, 抗战胜利. 我们四人留在学校过寒假, 继续读书. 教育部规定国立中学解散复员, 所以我们在 1946 年上学期结业后就一同回家了.

1944 年, 父亲辞去组织部工作, 去中央研究院 (中研院) 任职, 历任总务主任、秘书主任等职. 1946 年夏我们家搬至重庆中研院宿舍, 在那里等候迁回南京. 那时父亲已先回南京接收. 我们家的斜对门住着建筑学家梁思成, 我们两家各住一间房子. 我每天看到这位瘦弱的老人, 不是躺在床上看书, 就是坐着打字. 他的勤奋与刻苦, 给我留下了难忘的印象.

母亲领着我们兄妹五人, 乘运输机回到了南京, 住在中研院成贤街宿舍一个单元, 外加一个亭子间. 我与王克转入南京社会教育学院附属中学就读. 一年后, 该校改为南京市立第六中学. 我们走读, 住在家里.

我们家的邻居有天文学家张钰哲、气象学家赵九章、历史学家傅斯年与李济及经济学家巫宝三等. 那时物价飞涨, 可是这些科学家仍然坚持科学研究工作, 过着清贫的生活, 他们是高尚的人. 1948 年, 中研院选举院士, 我从父亲带回家的一些材料中看到了数学家华罗庚、陈省身、陈建功与苏步青等的材料, 对他们产生了崇拜.

1947 年, 大概是市立六中与隔壁的市立五中有纠纷闹事, 我已记不清楚了, 训导主任欲开除我与王克, 幸好校长陈祺庞知道事情真相, 了解我们并无过错, 设法持平处理, 给我们兄弟大过处分, 使事情平息了.

这两年中, 我看了很多美国与英国的文艺电影. 我是从《魂断蓝桥》开始看的, 受到深深的感动. 明知两年后要报考大学, 这将决定我的终生命运, 但亦欲罢不能了. 以后陆续看了《战地钟声》、《居里夫人》、《翠堤春晓》、《王子复仇记》、《煤气灯下》(即《郎心如铁》)、《鹿苑长春》及根据狄更斯小说改编的一些英国电影. 演员高超的演技与动人的故事情节都给我留下了难忘的印象. 现在回想起来, 虽然由此而影响了正课学习, 但潜移默化中, 却得到了意想不到的好处, 大大提高了我的文化素养, 我必定从中得到了影响终身的好处. 实际上, 数学与文艺是相通的. 好数学的首要标准是"美", 至少提高了我判断与欣赏好数学的能力.

1948 年, 即我十八岁时, 我高中毕业了. 我与王克一道报考了六所大学, 只有英士大学与安徽大学两所学校的数学系与物理系均分别录取我与王克. 到了这个时候, 我才后悔没有好好读书. 我感到伤感与失落, 但并未对人生失望. 我决定明年重新参加高考来改变自己的命运.

这时国民党在军事上节节败退, 同时物价飞涨, 社会混乱, 学潮迭起. 父亲还是决定我们进大学读书, 这总比待在家里自修好些. 于是我与王克决定一同进英士大学. 我进数学系, 他进物理系.

父亲从来就很严肃, 我们跟他接触不多, 但他始终是我们处世做人的榜样, 起着潜移默化的作用. 随着我们渐渐长大, 父亲一直在用他的思想影响着我们. 他向我们透露了祖父抽鸦片烟, 导致家庭贫困及他本人体衰多病, 从而 (祖父) 早逝了. 这使我们兄妹都远离烟草. 父亲说得最多的是要我们远离政治与党派, 靠一门技术来谋生立足于社会. 他常说: "有万贯家财, 不如一技在身." 他希望我们弟兄姊妹最好能搞基础科学, 即数学、物理与化学. 他已很厌倦政治斗争, 这种思想深深扎根于我的心里. 父亲淡泊名利, 未见他与人纷争. 他本人与我们都过着简朴的生活. 他多次劝我们兄弟进数学系与物理系, 这些都影响了我的一生.

去英士大学时, 父亲送我们至下关车站, 一直看着火车徐徐驶离车站. 他的心情非常沉重, 跟送我们去高峰寺小学与国立二中时完全不一样. 茫茫然, 不知命运如何?

从那次分别后, 我再也没有见过我的父母亲, 直到 32 年后的 1980 年, 才在美国见到了妹妹王之友与弟弟王光. 在王光家给在台北的父母通了一次电话, 大家激动得几乎说不出一句话来. 37 年之后, 在美国才与父亲见面. 一直到 47 年后的 1995 年, 才在台湾见到小妹妹王之士.

市立六中的同学, 以后碰到的有王乃骥, 他在美国定居. 现在还有联系的有赵志伟与徐孝畦夫妇. 赵志伟退休前曾任西昌市政府副市长, 通过他们知道不少同学的下落, 如严伯谨等.

去掉我在中小学 5 年住校, 我在家里一共只生活了 13 年.

第3章 大学

3.1 转机

1948 年秋, 我进了位于浙江金华的英士大学数学系, 王克进了物理系. 我感到很失望: 没有正规校舍, 亦无甚图书与设备, 课也开不齐全. 数学系只有一门 “微积分” 数学课, 由赖老师教, 他每周由上海来金华教四节课. 他用的是萨本栋著《微积分学》, 该书只着重计算, 跟中学数学差不多, 一点难度也没有. 只有化学课, 我还有点兴趣. 我抽空温习了一下中学的课本, 觉得很容易, 理解得比原先深透多了. 这时我很愿意多学一点东西, 可惜没有什么课可听, 也没有参考书可以借阅.

我离开南京, 到了乡村式的小城市金华, 这是一个很清静的地方. 除了读书与温习功课外, 没有什么娱乐. 天热时, 可以去小河里游泳. 我们的宿舍门口有一个粽子店, 卖火腿粽子与豆沙粽子. 我们常去光顾.

那时我的外祖父母已从南京搬来金华乡下小姨夫倪廷生的长兄家住. 我们兄弟二人曾去看望过他们.

到校约两个月就放寒假了. 那时中研院在忙于"应变", 总办事处由南京迁到了上海, 我们家亦随之迁往上海. 小姑夫冯文启一家住在杭州, 我的祖母及叔叔王懋勋跟他们一起过. 寒假开始, 我就独自去杭州他们家, 打算小住几天即去上海回家看看. 王克则留在金华.

那时, 父亲跟很多人一样, 对前途茫茫然, 但有一点是明确的: 他认为我与王克应该留在学校里, 跟学校同进退. 所以他写信来杭州, 叫我不要去上海, 赶快回金华, 跟王克在一起. 我立即返回了金华.

不久, 父亲随中研院总办事处, 举家一起迁往了广州. 这时, 他突然改变了主意, 不断写信来, 催促我们兄弟立刻去广州, 以便在中山大学借读. 叔叔也来信要我们尽快去广州. 父亲的信中还附有他托教育部领导给英大校长的信, 请他们设法带我们一起去广州. 当然也附有给他在中研院的上司钱临照代理总干事的信; 若我们留下来, 则请他给我们以帮助.

目睹国民党的腐败无能, 兵败如山倒, 看来气数已尽了. 走与不走有何区别? 又听说清华、北大均已恢复招生上课, 所以我觉得还不如留校等待解放, 再全家团圆, 然后重新参加高考来改变我们的处境. 因此我觉得父亲最初的想法是对的, 我决定留了下来. 王克听随我的决定, 无甚异议. 我们就一起留在了金华.

五月的一天清晨, 我从宿舍窗口看见国民党军队排成一行在小坡脊上行进, 不时还向城外开几枪. 几个小时后, 解放军就进城了. 虽然解放军的衣着破旧, 但秋毫无犯, 纪律严明, 我对他们第一个印象是非常好的, 与国民党军队真有鲜明的对比. 那时一般人的印象, 学数学的人出路很差. 我决定在我重新报考大学时, 报考工学院化工系. 夏天, 我与王克同去了上海参加高考. 我们还抽空去中研院看望了一下钱临照. 他正在整理书籍. 他告诉我们: 他准备北上, 去北京大学教书. 他很关心我们, 并承诺可以给予我们经济资助.

见报载, 我们都被列入录取名单, 但未标明录取的学校. 这时, 浙江省人民政府对英大也有了决定: 将英大理学院与工学院的学生全部并入南方最高学府之一、青年人向往的 "东方剑桥"——浙江大学继续就读. 这真是交了好运! 于是, 我们兄弟随学校到了杭州浙大. 与我们一起去浙大的有英大数学系的周先意与江正荣. 江正荣去浙大后, 转入了工学院土木系.

3.2 全心投入

浙江大学位于美丽的杭州, 人杰地灵, 尤其是有一批著名学者, 如数学系的分析学家陈建功、几何学家苏步青; 物理系有核物理学家王淦昌、理论物理学家束星北; 生物系有生物物理学家贝时璋、遗传学家谈家桢; 化学系有有机化学家王葆仁等. 数学系还有刚从美国回来的分析学家卢庆骏、代数学家曹锡华, 从英国回来的拓扑学家张素诚, 及原来在系里的钱宝琮、徐瑞云、白正国、叶彦谦、郭本铁等, 年轻助教有谷超豪、张鸣镛、林振声等, 可以说人才济济. 我能进入到这个集体之中, 真是感到万分幸运.

在我刚来浙大时, 我记得物理系的同学曾带我去了一下王淦昌的实验室. 他从事宇宙线的研究, 专心于实验, 完全没有理会有人到他的实验室来. 这使我对他肃然起敬.

在英大时, 我基本上没有上过几天课. 到了浙大之后, 是重上一年级, 还是接着上二年级? 当时浙大数学系分本科与师范两个科. 有一位师范科的高年级同学邓金初出于关心我, 曾多次劝我从一年级读起. 我这个人是不服输的. 我当时留在金华、不去广州的原因之一是我强烈地盼望依靠自己的奋斗来改变面貌, 而不愿意靠父亲的提携转入中山大学. 我想我之所以落到英大, 主要是我在高中的最后两年没有好好学习, 美国电影看得太多了, 并不是我太笨而考不上著名大学. 现在我要全身心地投入学习, 我倒要看看能不能跟上. 如果实在不行, 我就转系去工学院. 于是我们兄弟决定都从二年级开始学习.

那时数学系一共只有十几个学生. 我们班共四个人, 我与周先意是从英大转来的, 孙和生是原来浙大数学系的, 还从工学院转来一个杜庭生. 本科三、四年级各二人, 即董光昌、厉则治、郭竹瑞与郭方柏. 师范科几人, 1949 年即停止再招生. 整个数学系一年级学生最多, 约七八个人, 有黄纪青、盛骤 (女)、金正道、孙玉麟等. 1950 年, 又来了研究生龚昇、夏道行与胡和生等.

这一年, 我一共选了九门课. 慢慢地, 我了解到浙大数学系的传统及教学与考试的方式. 老师讲课不带讲稿, 全凭记忆讲, 学生记笔记, 大部分课没有教科书亦不发讲义; 习题很少; 考试题目大都是课内讲授过的内容, 基本上就是学过的定理. 因此, 你只要将学过的定理证明之逻辑推导弄清楚, 并将证明过程记住, 就可能考一百分. 这下我心中有底了, 只要我用功肯定就行了. 我决定放弃一切爱好, 专心致志地投入到数学学习中去.

最使我感到困难的是 "级数概论" 这门课, 这是卢庆骏根据陈建功的讲义来教的. 陈建功的讲义主要是根据柯诺柏的书编写的, 未发给学生. 听高年级同学说: 这门课是浙大数学系的精华. 级数概论一开始就讲实数序列的收敛, 引进了 ε-δ 的概念与 ε-N 的概念. 对我来说, 这是全新的概念, 它严格地定义了 "无穷大" 与 "无穷小" 的概念. 这与过去我熟悉的直观性很强、且以计算与技巧为主的中学数学与微积分是完全不同口味与层次的数学, 即与我习惯的东西不一样, 需要改变思维. 我尝到了数学的严格性. 我记得起初做的习题, 张鸣镛几乎都判我有错, 经反复思考与体会, 才逐渐明白及习惯了. 高年级同学告诉我, 在浙大数学系, 你只要弄明白什么是 "均匀收敛"(或 "一致收敛"), 你就算毕业了. 在学到均匀收敛时, 当知道所谓均匀收敛就是 δ 的选取与区间中的点无关时, 我就很快地接受了这个概念, 所以并未感到困难.

另一门感到困难的课程是郭本铁教的 "高等代数". 他希望讲些比较具体的材料, 所以他主要讲 "矩阵论". 我觉得味道跟中学数学完全不同. 矩阵是什么? 样子很像行列式. 过去中学学的行列式表示一个数, 所以只是计算技巧. 现在矩阵却是抽象地满足一些运算规律的数之长方列阵. 平面几何虽然也是以公理为基础, 但公理都是很直观的. 这里的公理却没有直观支撑, 经过很长一段时间的学习, 才逐渐明白了.

其他课程还有卢庆骏教的“高等微积分”, 他是以奥斯古德的书来教的, 有物理系同学旁听, 学生较多, 由谷超豪任助教, 内容偏计算. 白正国给我们开了一门“坐标几何”, 这是根据苏步青写的讲义教的. 这两门课的味道跟中学数学差不多, 学习得很轻松. 至于“常微分方程”课, 完全是计算技巧, 跟微积分的味道一样.

当时系里的老师也多次讨论过教改, 决定将“方程式论”课改为“初等数论”课, 由卢庆骏教, 他自编讲义. 因数论的对象是整数, 而且课程进行得很慢, 所以未觉得困难.

经过大学二年级的拼搏, 我接触到了与中学数学完全不同口味的数学. 我了解到什么是数学定理的严格证明, 及 ε-δ 与矩阵等概念的内涵. 门门数学课, 我都得到了高分. 只有选修的一门物理系的“理论力学”课, 我的成绩较差. 理论力学就是要将一个个实际力学问题, 根据牛顿定律, 列出它们满足的常微分方程, 然后求解这个微分方程, 有点像用代数方程求解平面几何问题的味道, 即“解析几何”. 但我常常会将微分方程列错. 由于理论力学课学得不好, 这导致了我对物理学产生了恐惧心理, 我觉得我不适宜从事跟物理相关的学问. 但我对数学却充满了兴趣与信心. 那时, 我已是系里较受到注意的一个学生了. 直到这个时候,我才决定我要一辈子搞数学, 不再考虑改系的问题. 王克在物理系成绩很一般. 一年后, 他转入了航空工程系.

3.3 小 插 曲

进入三年级, 陈建功亲自给我们上 “复变函数论” 课. 他是按照梯其马希的书教的. 该书的第一章为普通分析, 所以从第二章讲起. 经过 “级数概论” 课的训练, 我未觉得困难. 我们很喜欢听陈建功讲课, 他常常在讲课中讲一点故事, 使我听得津津有味. 徐瑞云为我们上 “近世代数” 课, 她是按范德瓦尔登的书教的. 我开始接触到群、环、域的概念. 由于经过了初等数论及矩阵论的学习及她讲得很慢, 所以我不觉得难懂.

其余时间, 我都基本上用来自学. 这时, 我对学习非常主动自觉. 我感到自学比听课的效率高得多, 也更加踏实得多. 实际上, 在课堂上听课, 只能听懂一点点, 仍然要靠自学之后, 才能真正弄明白老师讲的东西. 我常常嫌老师讲得太慢, 有不少空余时间可以用于自学. 我自学了哈代与赖特的《数论导引》.

有一件事值得记述一下: 有一次复变函数论考试, 陈建功出了一道书外的题目, 问当 $z=0$ 时, $\mathrm{e}^{\frac{1}{z}}$是什么性质? 当 z 由不同方向趋于 0 时, 函数趋限的情况是不同的, 从而我判定 $z=0$ 是 $\mathrm{e}^{\frac{1}{z}}$ 的本性奇点. 全班只有我一个人做对了, 我得到了陈建功的赞赏. 由于他在系里多次谈起这件事, 所以我在系里受到了重视.

快到放暑假时, 学校组织学生进行体格检查, 经过肺部透视, 说我患有肺结核病. 学校将患肺病的同学集中住在一起, 大概是一个大教室. 这时已放暑假了. 我记得当时有一个有病的同学, 每天闷闷不乐, 思想包袱很重, 后来就主动退学了, 听说不久就去世了. 我并未在意, 照常用功读书. 后来多次检查表明, 我并未患肺结核病, 这次检查结果属误诊.

3.4 自　学

高年级同学告诉我们：陈建功与苏步青倡导的四年级的学生“数学讨论班”是浙大数学系的精华. 浙大数学讨论班分甲种与乙种. 甲种讨论班由指导老师给每个学生指定一篇数学论文, 乙种讨论班则由老师给每个学生指定一本数学书, 交给学生自己去阅读, 然后由学生轮流上讲台讲, 老师听讲并提问. 当时我们班只有四个学生, 所以每个学生每学期要讲四五次. 这是一种有指导地自学. 它不同于自流地自学, 那样很容易有不踏实之处. 这种学习方式比老师讲课、学生听课记笔记、做习题, 当然是高了一个层次; 学生由“被动地”学习变成了“主动地”学习, 学习的积极性不知大了多少倍. 在这个阶段中, 学生间的能力之差距拉大了. 这也是一个数学系学生由学习走向独立地从事研究工作的过渡阶段. 老师从讨论班中, 可能发现有攻坚能力及有创新能力的学生, 即有可能培养成数学家的学生.

我记得最后一年选课时, 理学院院长谈家桢要我多选些课. 我告诉他, 我还是希望多点时间自学, 他表示理解与认可. 我选了陈建功的“实变函数论”、白正国的“微分几何”、卢庆骏的“概率论”与张素诚的“拓扑学”.“实变函数论”是陈建功自己写的讲义. 他将讲义发给了学生, 后来出了书.“微分几何”用的是苏步青写的书. 这两门课都不算难. 卢庆骏的“概率论”是他自己写的讲义, 他是用英文讲的, 内容与我在中学时学的组合概率概念不是一回事, 这是建立在测度论基础上的现代数学. 张素诚的课大体上是按照莱夫谢茨的小书教的. 当时中国的数学还很落后, 懂得概率论与拓扑学的数学家屈指可数. 恐怕只有北大与清华可以开设这两门课. 浙江大学也是第一次开设这两门课. 我能在大学时听到这些内容, 应该是很难得的. 由于经过了两年学习, 所以并未感到很困难.

卢庆骏给我指定了一篇温纳关于傅里叶分析的文章, 有 100 多页及一本英格姆的名著《素数分布》. 温纳的文章, 我不能读懂, 就暂时放在一边了, 而全力读英格姆的书. 虽然当时我已被判为肺结核病嫌疑, 但我竟然在暑假中将英格姆的书读完了, 而且记了详细的笔记. 我感到解析数论真是美极了. 自然, 我的报告得到了卢庆骏的好评. 四年级下学期, 在张素诚的指导下, 我学习并报告了艾伦贝格与麦克莱恩关于代数拓扑的系列论文的一部分, 也受到了张素诚的好评. 我对这部分工作只是形式上了解, 对其实质并不明白. 但我对拓扑课却很感兴趣, 我感到点集拓扑部分的乌理松定理美极了.

经过讨论班的一年学习, 我建立起我有能力自学数学的信心. 当时浙大的一些老师, 常常将他们希望学习的论文先手抄下来, 所以在毕业前, 我也手抄了一些拓扑学的文章, 以备毕业后, 如果分配到一个没有图书杂志的地方去工作, 我还能自学一阵数学, 我那时已坚定地建立了将数学作为我终身事业的决心.

毕业前, 我建议请老师来给我们作学术报告, 以便毕业后自学. 我记得苏步青应邀讲了 "微分几何", 他是从罗巴切夫斯基几何讲到芬斯勒几何. 张素诚作了 "球的同伦群" 报告.

我深受系里老师的勤奋所感动, 印象最深的是陈建功与苏步青. 他们那么大年纪了, 还跟年轻人一起组织数学讨论班学习. 他们从字母开始学习俄文, 直到能翻译出版苏联的数学教科书. 其实当时陈建功只有五十多岁, 苏步青才四十多岁, 在今天看来, 还属于中年数学家, 当时就觉得他们是很老的人了. 我与龚昇、夏道行、胡和生、董光昌与郭竹瑞等学长接触较多, 常常在一起聊天, 学习他们的经验. 在同学中以自学为主的, 似乎只有孙玉麟与我二人, 他比我低一届, 是从上海纺织学院转学来浙大数学系的. 我们的学习方法完全不同. 我记得他经常借一大堆杂志与书, 读得很快. 我却读得很慢, 弄清楚了之后才往前继续读下去. 当念不懂时, 我就停止阅读了. 例如, 温纳的文章, 才读了一两页就放弃了. 原因是读该文需要先读一本傅里叶分析的基础书, 而我缺乏这方面的基础.

当时二年级的同学有魏道政、宗月娴 (女) 等, 一年级的学生有石钟慈、许永华等. 我也常常去影响他们, 向他们介绍数学, 有时他们听得都忘了睡觉了.

3.5 课外生活

刚进浙大的第一年, 我还参加过学校的小提琴队, 偶然看过电影. 我记得第一次看的是《新儿女英雄传》. 中学时, 我很想看看《飘》, 但没有遇到机会. 在杭州放映《飘》时, 我已没有兴趣去看了. 我逐渐放弃了所有的业余爱好, 全身心地投入到数学学习中去.

除学习数学外, 我参加过学生会举办的理发学习班, 往后就以理发来赚一点点钱买文具与肥皂. 到了四年级, 由于国家急需人才, 浙大办了一个水文训练班, 系里要我给训练班的学生批改数学作业, 这时我的收入就丰厚多了, 可以用报酬购买衣服与鞋子等. 我对学生的要求很严, 就像张鸣镛批改我的习题那样来批改他们做的习题.

王克跟我不同, 很活跃, 喜欢篮球、舞蹈及学校的其他活动. 最后一年, 他被选为浙大学生会主席.

在浙大学习的三年中, 我都得到了免交学膳费的待遇, 所以总可以刻苦地将学习坚持下来. 这三年中, 我与王克共得到过住在兰溪的大姑父刘正元及住在上海的四姨夫金再兴各一次资助; 钱临照寄来过三次钱. 每次资助的数额约够一个月伙食费. 我对他们的帮助, 当然会永记于心的. 但我还是希望通过自己的劳动来克服困难, 所以每当我们收到他们寄来的钱后, 我都写信请他们不要再寄钱来了.

我们家随“中研院”总办事处搬去了台湾. 邮局很好, 总能将彼此的信件辗转寄到. 当父亲及家人得知我们兄弟进了浙大, 万分意外、高兴与激动. 我们兄弟也得到父亲辗转托人从香港寄来的一次钱及圆规、三角板等.

在校期间, 经历了“三反”“五反”与“思想改造”运动, 主要在教师中进行. 我记得数学系主任卢庆骏在全系师生大会上检讨说:“我没有用过公家的信封与信纸”, 别的都记不清了. 他很快过了关. 后来就转而“斗争”当时的教务长苏步青, 要他交代所谓贪污问题. 大家喊口号, 我也跟着喊, 这是我平生经历的第一次“斗争会”. 以后苏步青的问题不了了之了. 我的心被蒙上了一层阴影, 使我对政治运动产生了说不明白的印象, 似乎是上当受骗了. 往后再也没有听人提起过苏步青的所谓贪污问题, 直到读到《束星北档案》, 才知道当时有人诬陷苏步青.

1952 年, 由于我的学习成绩优良, 经陈建功与苏步青推荐, 由国家统一分配我至北京中国科学院数学研究所 (中科院数学所) 工作. 离开浙大前, 陈建功语重心长地对我说:“你是我们嫁出去的‘女儿’, 好好跟华罗庚学习, 他是中国最好的数学家.”

第4章 结缘数论

4.1 初到数学所

1952 年, 我毕业了. 由于国家急需建设人才, 下一届同学也提前毕业了. 杜庭生早已退学, 我们班共三个同学：孙和生与我被国家统一分配到北京中科院数学所工作, 周先意留浙大任教. 孙和生四年的平均成绩在九十分以上, 我正好八十分, 周先意七十多分. 孙和生对做研究工作的欲望不强烈. 我记得他的志愿是去边远省份从事教育工作, 但既已分配到中科院, 也就服从了. 王克则分配到南京航空学院教书.

初秋, 杭州市分配到北京的学生同乘一趟火车一起到了北京, 各用人单位均有人来车站迎接. 中科院将分配来的大学生都集中在文津街的院部学习一个月. 学习的文件为中科院第一副院长陈伯达的讲话. 讲话中谈到共产党员在中科院的工作及他们与党外科学家的关系、老科学家与年轻科学家的关系、知识分子的改造问题等. 陈伯达指出："科学院的工作好不好, 共产党员要负很大责任”“共产党员如何能搞好工作呢？是否可以滥用党的威信，妄自尊大，以党员身份发号施令，而认为一切科学工作者，不经他同意，不通过他，就不能做事情呢？如果采取这种态度就是错误的”“共产党员应该与科学家合作，向他们学习，在工作上帮助他们解决困难”“老科学家应当爱护年轻的一辈，年轻人对老科学家要尊重，主要地要看到他们的优点，要向他们学习，请他们指教”.

我非常赞成这个报告，它一直深深地印在我的脑子里. 直到“反右斗争”之前的五年，中科院基本上是按这个报告去做的. 这五年是做研究工作的黄金岁月. 以后，特别是“文化大革命”开始后，陈伯达变得那么“左”. 回想起他的报告，我感到茫然了！

国庆节后，我们下到各研究所. 数学所坐落在清华园南门内一座二层小楼里. 这一年共分配来四个人，除孙和生与我之外，还有来自清华大学的许孔时与来自北京大学的何善堉. 所里给孙和生与我二人一间房，办公与住宿都在那里. 华罗庚写了一首诗，表示欢迎我们来数学所工作. 王寿仁用毛笔将华罗庚的诗写在红纸上，贴在门口. 王寿仁还亲自做了一桌菜，欢迎大家.

那时，十分强调学习苏联. 除华罗庚外，我们所的研究人员，包括吴新谋、王寿仁与田方增等，都参加了北大数学系举办的全国速成俄文班. 我就住在北大未名湖边的教师宿舍里，经过一个月的强化学习，基本上学会了拼音与文法，达到依靠字典可以阅读俄文数学文献的水平.

所里一些人认为我们几个新来所的大学生，数学基础课没有学好，需要补习一年基础课. 于是由吴新谋为我们开设“高等分析”课，他是按照菲赫金哥尔茨的分析教程教的；张素诚教“微分几何”，他自编讲义；“理论力学”由庄逢甘授课；还有段学复负责代数，他指定盖尔范德的一本小册子《线性代数》，要大家用矩阵语言将书重新写一遍. 分析与代数课分别由陆启铿与万哲先任助教，负责批改我们的作业. 实际上，所里把我们的水平过于低估了，讲的东西太简单. 在分析课堂上，我常常指出吴新谋的笔误.

我还是延续大学时已形成的学习方法，将主要时间花在自学上. 为了巩固速成俄文学习，我选择了俄文书那汤松著的《实变函数论》，认真读了两遍，基本上做了书上的习题. 我觉得这本书写得很清楚易懂. 接着我读了俄文书刘斯捷尔尼克与索伯列夫的《泛函分析》. 这是我第一次接触泛函分析这个领域，接触到函数空间. 记得在大学里，我最早喜欢的数学领域是解析数论. 自从接触了拓扑学之后，就觉得解析数论过于技巧，所以对拓扑学更有兴趣. 现在学习了泛函分析，又觉得这种将分析与代数融合起来的数学领域更有意思，它比拓扑学更易于把握其内容. 于是我认定我应该选择泛函分析作为研究方向.

4.2 无缘泛函分析

一年很快过去了，到 1953 年年底，所里决定要确定我们四人与 1953 年毕业分配来所工作的大学生, 及以前在所里的实习研究员的研究方向. 那时, 人们选择研究方向并不看导师是否有名或哪个领域 "吃香", 而是根据自己对数学的理解及兴趣来确定. 当时, 张里千就志愿从事数理统计研究; 王光寅先是跟华罗庚搞解析数论, 后来要求改微分方程; 陆启铿志愿搞多复变函数论. 此外, 何善堉志愿搞力学; 王传英搞计算机研制; 龚昇与胡和生则愿意留在上海, 分别由陈建功与苏步青指导他们. 所里都尊重并支持他们的选择. 那时数学所决定成立数论与微分方程两个组, 所以这两个方向要的人多一些. 微分方程组为丁夏畦、王光寅、邱佩璋与孙和生; 数论组则有许孔时、吴方、魏道政与我.

开始, 我并不想进数论组. 读完刘斯捷尔尼克与索伯列夫的书之后, 我想搞泛函分析. 分组前, 我曾去找过关肇直与田方增, 向他们表示了请他们指导我搞泛函分析的愿望并告诉他们, 我已念过了刘斯捷尔尼克与索伯列夫的书. 关肇直与田方增表示欢迎我, 很客气地说: "指导不敢当, 你只要再念一点文章, 我们就可以一起工作了." 当时, 他们对华罗庚很尊重, 所以当他们得知华罗庚希望我去数论组工作后, 立即表示支持华罗庚的意见. 这样, 我与泛函分析就无缘了.

另一方面, 已经在代数方面工作的助理员万哲先跟我谈得比较多. 我们经常在一起散步. 他的意见很明确, 认为我应该搞数论, 应该跟华罗庚做研究. 万哲先的意见逐渐地影响着我, 使我逐渐地同意了他的看法. 在大学时, 我念过英格姆的书, 对解析数论有点基础, 也欣赏她的美.

4.3　华罗庚招徒

记得 1948 年, 当我在报上看到华罗庚的著作《堆垒素数论》在苏联科学院出版的消息时, 非常激动. 那时, 父亲很希望我学数学. 我就对爸爸妈妈说:“将来我要拜华罗庚为师.” 他们笑着说:“他肯收你吗?” 当时只是一句玩笑话而已. 直到 33 年后, 在纽约, 我的妹妹王之友才将这件趣事告诉了华罗庚.

1948 年, 我又在家里看到了父亲带回家的中央研究院院士候选人的材料, 其中有华罗庚的材料, 他是著作数量很大的一位候选人.

1952 年, 我们刚到数学所, 华罗庚就在他的办公室接见了我们新来所的四个人. 我心中一惊! 这样出名的人怎么这样年轻? 是啊, 他当时才四十二岁呀!

有一次, 华罗庚来我的宿舍, 随便问了我一道题: 如何将平面二次曲线化成标准型, 并用矩阵表示出来. 我当时未能立刻答出来. 他说:“怎么连这也忘掉了!” 过了一天, 我把答案给了他. 其实就是在正交矩阵之下, 将实对称矩阵化成标准型的问题.

在确定我们的研究方向前, 华罗庚正在写《数论导引》讲义. 他要出一个题目考一下大家: 命 $p(n)$ 表示正整数 n 之分拆个数, 则有

$$\lim_{n\to\infty}\frac{\log p(n)}{n^{1/2}}=\pi\sqrt{\frac{2}{3}}, \tag{4.1}$$

其中 log 表示自然对数.

华罗庚首先给大家作一个报告. 他讲了一个用初等方法得到的估计：当 $n > 1$ 时,

$$2^{[\sqrt{n}]} < p(n) < n^{3[\sqrt{n}]}, \tag{4.2}$$

其中 $[x]$ 表示 x 的整数部分, 然后他又给出了估计式

$$p(n) < \mathrm{e}^{cn^{1/2}}, \quad c = \pi\sqrt{\frac{2}{3}} \tag{4.3}$$

的证明. 他要求大家证明：任给一个 $\varepsilon > 0$, 皆存在正数 $A(\varepsilon)$ 使

$$p(n) > \frac{1}{A(\varepsilon)}\mathrm{e}^{(c-\varepsilon)n^{1/2}}. \tag{4.4}$$

当然, 由 (4.3) 与 (4.4) 立即得 (4.1). 华罗庚要大家做完后, 将卷子交给他.

1982 年华罗庚和他的学生们 (第二排右一为王元)

经过几天努力，我证明了 (4.4) 并将考卷交给了华罗庚. 后来，我知道张里千也交了卷. 这实际上是一次开卷考试. 大概是华罗庚对我的卷子较满意，所以才有意要我去数论组.

华罗庚热情地对我说：“王元，你跟我搞数论，就这样定了吧！” 这时，我已经有过一段时间的思考，决定志愿进数论组. 于是我痛快地回答：“好啊！”

就这样，我结缘了数论.

4.4 “数论导引”讨论班

数论组成立时，除我们四个大学毕业生外，还有助理研究员越民义. 他是筹备数学所时，由浙大调来所工作的. 越民义本来是搞分析的，他协助华罗庚指导我们. 我们有什么问题不明白，常常去向他请教. 此外还有 1952 年北京师范大学的毕业生严士健来数论组进修，他是闵嗣鹤的学生. 稍晚一些，又由西北大学来了一个进修教师任建华.

从 1953 年冬开始，华罗庚亲自领导了两个讨论班：一个是“数论导引”讨论班，另一个是“哥德巴赫猜想”讨论班. 每周各进行一次，每次半天.

“数论导引”讨论班，由华罗庚一个人主讲. 那时，他正在撰写《数论导引》这本书. 在讨论班开始之前，他已根据过去的手稿，一口气写了六章，即整数之分解、同余式、二次剩余、多项式之性质、素数分布之概况及数论函数，并将讲义发给了听讲者.

记得在浙大读二年级时，我曾选修了卢庆骏讲的“初等数论”一年课. 虽然课程进行很慢，但我感到并非特别容易. 其实，课程内容只是“数论导引”前六章的小部分. 约一个月，华罗庚就讲完了前六章，我感到很浅显易懂. 可见在不知不觉之中，我已经成熟多了.

以后的十四章，基本上各章都自成体系，有的章即为数论某一领域的导引，难度比前六章加大了，所以进度就慢多了. 这时除数论组的五个人及两位进修教师外，其他旁听者也都退出了.

从第七章开始，讨论班的讲法变了. 每一章华罗庚都先写出一个初稿，约占整章篇幅的百分之六七十，当然也就不发讲义了. 华罗庚在讨论班上讲一遍，将讲稿交给许孔时、吴方、魏道政和我四人中的一个人做补充，并将整章完整地写出来，交越民义审核，经他过目修改后交华罗庚定稿. 严士健与任建华亦参加了部分工作.

我那时正在学习与研究筛法，所以第九章“素数定理”与第十九章“史尼尔曼密率”是由我负责的. 这两章对原稿作了如下变动：在第九章的素数定理初等证明中，原来讲义写的是由赛尔贝格渐近公式推出素数定理的爱多士方法，改成了赛尔贝格方法，而且赛尔贝格渐近公式的证明也换成了塔吐撇娃与依赛基的证明. 还增加了算术数列中有无穷多个素数的狄利克雷定理的初等证明，这里我采用了夏皮罗的证明. 对第十九章，我也做了不少补充. 其他由我负责的部分，修改都不大.

华罗庚用写一本书的办法，让学生一起参加工作来作为培养学生的途径是非常好的. 这远比让学生去读一本现成的书要好得多. 这是由于有了当家做主的感觉, 所以大家是很投入的. 这也不同于“放羊”, 即完全放手让学生去写书, 那样很可能前后不连贯, 且风格各异.

当时, 大家都为建设社会主义忘我地劳动, 没有人想到或计较哪些章节是哪个人执笔修改的, 要不要作个说明, 等等. 大家都尽力使书能够写得完美一些. 由于越民义与我们的修改补充, 所以内容比华罗庚的原稿有不少扩充并增添了一些新成果.

《数论导引》在 1956 年就完稿了. 科学出版社很积极地组织了出版工作, 1957 年就正式出版了. 全书共约六十万字.

通过“数论导引”的学习, 我们对数论有了一个较全面的了解.

4.5　“哥德巴赫猜想”讨论班

“哥德巴赫猜想”讨论班的计划是华罗庚与越民义一起拟定的, 计划分四个单元来进行:

(1) 史尼尔曼密率、曼恩定理与赛尔贝格 Λ^2-上界方法;

(2) 布朗筛法与布赫夕塔布方法;

(3) 林尼克大筛法与瑞尼定理;

(4) 素变数指数和估计方法、西格尔定理与依 · 维诺格拉朵夫三素数定理.

华罗庚曾谈起为什么要选择哥德巴赫猜想为讨论班的主题, 他说: “我并不是要你们在这个问题上做出成果来, 我的着眼点是哥德巴赫猜想跟解析数论中所有的重要方法都有联系,因此以哥德巴赫猜想为主题来学习,将可以学会解析数论中最重要的方法.”关于这个猜想,华罗庚说:“哥德巴赫猜想真是美极了,现在还没有一个方法可以解决它.”在谈到数论组的研究方向时,华罗庚指出:“你们弄懂了解析数论,再学一点代数数论,就可以将解析数论的结果推广到代数数域上去.”“关于代数数论,除《数论导引》第十六章外,再学两条定理,即狄利克雷单位定理与戴德金判别式定理,就可以边学习边工作了.”这就是所谓解析代数数论.这个方向直到 30 年之后,才由我将它搞了起来.这是后话.

在建所初的一次演讲中,华罗庚指出:“如果你们现在要搞解析数论,我劝你们不要再搞依・维诺格拉朵夫方法了(指韦尔和估计方法),你们要学习林尼克方法与赛尔贝格方法.”

华罗庚还多次对我说:“并不是搞一大堆数学问题,都搞得不深入叫做有水平,而是搞一个问题,搞得很深,这才是真正的高水平.”在谈到他由数论改行时,他说:“我已经明白依・维诺格拉朵夫的韦尔和估计方法,不仅主阶已经无法再改进,甚至次阶,即对数阶亦去不掉.如果还有可能做出本质的改进,我是不会改行的.我要将韦尔和继续搞下去.”“我研究依・维诺格拉朵夫方法,每次都看到他把自己的方法又改进了,直到最后,我们才一起做了一个总结.”华罗庚所说的“总结”是指他在 1948 年的文章及依・维诺格拉朵夫的专著.华罗庚的结果略为强一点.直到几十年后,英国数学家乌利才又做了改进.

华罗庚还对我说:“数学结果要在历史上留下来非常困难, 有时整个领域就不再提了. 我年轻时, ‘射影几何’ 很热闹, 现在还剩下多少呢?”

虽然华罗庚的话都印在了我的脑子里, 但我当时并不理解, 直到很多年之后, 才体会到他的远见卓识.

华罗庚倡议由数学所编辑出版两套专著丛书:甲种专刊为由个人研究工作总结而写成的学术专著; 乙种专刊则是对某一领域的系统介绍, 其目的在于使后学的数学家可以较易地进入这一领域. 这个计划在所内外得到了普遍的支持.

华罗庚计划在 “哥德巴赫猜想” 讨论班的四个单元都进行完之后, 将全部材料写成综合性论文在数学所乙种专刊或仿照苏联而创办的杂志《数学进展》上发表. 当时在世界上的数论书籍中, 都还只有包含着四方面某部分的内容, 所以这确实是一个颇吸引人的计划.

计划的第一单元是以夏皮罗与瓦尔加的论文为主线, 他们证明了 “每个充分大的整数都是不超过 20 个素数之和”. 再补充其他材料, 例如曼恩定理, 这是根据辛钦的书《数论三珠》的第二章来讲的. 讨论班由我们四个 1952 年与 1953 年来所的大学毕业生轮流讲. 华罗庚则不停地提问, 务必使每一点都弄清楚为止. 华罗庚这种打破砂锅问到底的做法, 常常使主讲人讲不下去, 长时间站在黑板旁边思考, 这就是所谓 “挂黑板”. 讨论班进行得很慢, 但参加者受益颇大.

数学所刚成立时, 几乎没有图书杂志, 这是由于 “中研院” 数学所搬去台湾时, 将该所的图书杂志都搬去了台湾. 幸好华罗庚从美国带回来了不少书、杂志与论文单印本. 他还留了一些钱在美国, 续订由美国数学会出版的几种杂志, 所以他能陆续收到由美国寄来的新杂志, 供数学所的人自由借阅. 华罗庚在他的办公室里放了一个小本子, 拿走他的书、杂志或论文单印本之后, 只要在小本子上登记一下就行了, 归还时将登记的书目划掉.

华罗庚有一个未发表的《解析数论》手稿, 其中有赛尔贝格的 Λ^2-上界方法及素数定理的初等证明. 我们能从他的手稿中读到这些材料, 在全世界来说, 也算相当早的了.

当时全国在全面向苏联学习, 有些学科错误地批判了西方的某些学说. 苏联的数学确实处于世界领先地位. 华罗庚是很了解苏联数学的. 由于他对世界数学的整体了解与修养及他一贯治学严谨, 所以在学术上, 华罗庚始终坚持一视同仁, 既学习苏联, 也学习西方的数学. 正是由于他的这种态度, 使中国数学界, 特别是数学所在学习苏联问题上所持的态度是正确的.

"哥德巴赫猜想" 讨论班进行完第一单元后, 接着进行第四单元的学习. 我们报告了埃斯特曼写的小书《现代素数论导引》. 1956 年开始 "鸣放", 接着就是 "反右运动". 这个讨论班就不了了之了, 当然更谈不上出版乙种专刊了.

4.6 得力助手

《指数和的估计及其在数论中的应用》一书是德国专业数学

百科全书中的一册, 华罗庚在接到撰写这本书的邀请后, 觉得写书太花时间, 本不拟写. 由于关肇直认为撰写这本书是一个荣誉, 劝他写, 所以华罗庚就决定写了.

早在 1953 年, 华罗庚就在为撰写这本书做准备了: 越民义首先将美国的《数学评论》与联邦德国的《数学评论》中的有关文章之评论勾出来, 交由关谷兰将它们在卡片上打字备用, 真正动手写则是从 1955 年开始的.

大概是华罗庚觉得我还比较得力, 他让越民义与我做他的助手. 仍像撰写《数论导引》一样, 他先用英文写出百分之六七十, 然后由越民义与我分别做补充, 最后由华罗庚定稿. 我那时已对 "筛法" 下过一番工夫, 所以有关筛法的部分是由我协助他的.

书写成后, 由两位沙利教授译成德文, 于 1959 年出版.

我在做华罗庚的助手时, 工作很认真, 就像做自己的研究工作一样, 所以从中我学到了很多东西. 这本书每弄完一章, 我就认真誊写一遍, 然后才交给华罗庚审阅.

通过写作这本书, 我了解了圆法、指数和估计方法及应用; 了解了解析数论的历史; 更进一步了解了华罗庚的写作风格. 华罗庚不将书写成 "豆腐账", 而是将主要方法与定理的证明思路概要地写出来, 观点高但起点低. 这一门学问在他脑子里是很清晰的, 所以在写作时, 他很少参看预先准备的卡片. 由于我是用英文做补充的, 所以通过这本书的写作, 我基本上学会了用英文写数学论文的技能. 我不谋求在华罗庚撰写的书中提起我的工作.

所以在筛法方面,我未做补充建议.直到该书的俄文译本面世,我才见到苏联学者写的附录,介绍了我的筛法工作.

1958 年之后,越民义在运筹室工作了,我就成为华罗庚的主要助手了. 对于他的手稿,由我阅读并做补充与建议.由于我的工作很仔细与认真,并不计任何"回报",所以我从他那里学到了很多东西.通过在数论组的几年工作,我认定数论是我终身工作的研究领域.

第5章 筛　法

访：

1956 年, 您在波兰期刊上发表了自己的第一篇文章, 1958 年发表了第二篇论文. 不少报纸, 其中《中国青年报》1956 年整版篇幅报道您与外国数学家合作并在国外发表文章的事. 您的第一篇论文就能获得数学界的认可, 这对于许多刚从事科学研究的青年人来说是不容易的. 您能向我们介绍一下完成第一篇论文的经过吗?

"哥德巴赫猜想"是数学中最著名与困难的问题之一, 而且由于以它为模型, 可以给数学带来新的方法、概念、理论, 所以又特别重要. 您是如何选择这样一个困难而重要的问题开始研究, 又取得重要进展的呢? 您和陈景润在这方面有没有合作呢?

5.1　"要有速度, 还要有加速度!"

我学习得很快, 两年左右就念完了夏皮罗与瓦尔加的文章、华罗庚的解析数论手稿、辛钦的《数论三珠》、埃斯特曼关于布朗筛法的文章、埃斯特曼的小书《现代素数论导引》、朱达柯夫的小书《狄利克雷 L-函数论导引》、林尼克与朱达柯夫关于“三素数定理”的分析证明、瑞尼关于哥德巴赫猜想的文章、华罗庚的《堆垒素数论》与依・维诺格拉朵夫的《数论中的三角和法》. 可以说, 除了找不到布赫夕塔布的文章外, 我已读完了哥德巴赫猜想讨论班的计划中的全部必读文献.

我非常渴望能早些做点东西出来, 这种心情是很迫切的. 如果什么也做不出来, 我是无法在数学界有一席之地的. 另一方面, 万哲先、陆启铿、胡海昌以及浙大的谷超豪、龚昇、夏道行都已发表过文章, 更增加了我的紧迫感.

当时, 华罗庚有个看法, 即凡是能够用得上布朗筛法的地方都可以用赛尔贝格 Λ^2-上界筛法加以改进. 如果这个看法是对的, 则用 Λ^2-方法将筛函数的下界估出来, 岂不就改进了用布朗方法得到的关于哥德巴赫猜想的结果了! 但用 Λ^2-方法, 我怎么也估不出筛函数的下界, 这个问题耗费了我一年多时间, 仍然一筹莫展. 以后, 我逐渐明白, 并非布朗筛法可以应用的地方, 赛尔贝格筛法就一定能够用得上.

1955 年, 波兰数学家库拉托斯基来北京访问. 他带给华罗庚一些波兰数学家的论文单印本, 其中有希尔宾斯基与辛哲尔关于数论函数的文章. 他们的最后结果是辛哲尔证明的: 对于任意给予的 h 个非负数 $a_1, \cdots, a_h$, 及 $\varepsilon > 0$, 皆存在 n 与 n', 使

$$\left|\frac{\varphi(n+i)}{\varphi(n+i-1)} - a_i\right| < \varepsilon, \tag{5.1}$$

$$\left|\frac{\sigma(n'+i)}{\sigma(n'+i-1)}-a_i\right|<\varepsilon,\quad 1\leqslant i\leqslant h, \tag{5.2}$$

此处, $\varphi(n)$ 表示欧拉函数, $\sigma(n)$ 表示 n 的因子之和.

华罗庚跟我讨论了他们的文章. 他问我, 如果孪生素数猜想对了会怎么样? 当然有无穷多个素数 p 使

$$\left|\frac{\varphi(p+2)}{\varphi(p)}-1\right|<\varepsilon \quad 与 \quad \left|\frac{\sigma(p+2)}{\sigma(p)}-1\right|<\varepsilon.$$

这使我立刻想到可以用布朗筛法来处理这个问题, 只要将素数换成殆素数, 即相异与相同的素因子个数不超过某给定界的整数, 在此我们还可以假定殆素数的素因子大于某一界, 则类似的孪生殆素数猜想是可以证明的. 因此筛法可以处理这个问题应该是确定无疑的, 其中只要将文献中的二维筛法平行推广至高维筛法, 即对于每个素数, 筛去 k 个剩余类, 此处 $k>2$, 我们就可以改进辛哲尔的结果. 当天晚上, 我就写出了用布朗筛法改进辛哲尔结果的纲要草稿. 我证明了：存在仅依赖于非负矢量 $\vec{a}=(a_1,\cdots,a_h)$ 及 $\varepsilon>0$ 的正常数 $c_0(\vec{a},\varepsilon)$ 及 $x_0(\vec{a},\varepsilon)$, 使当 $x>x_0$ 时, 区间 $1\leqslant n\leqslant x$ 中适合 (5.1) 的整数个数多于

$$\frac{c_0x}{\log^{h+1}x}. \tag{5.3}$$

我将这个结果写成文章投给《数学学报》并译成英文, 托库拉托斯基带回给希尔宾斯基与辛哲尔. 不久, 我们就收到了希尔宾斯基的来信, 并附来辛哲尔的两篇文章. 论文中除 (5.3) 的证明外, 还证明了区间 $1\leqslant n'\leqslant x$ 中适合 (5.2) 的整数个数亦有估计式 (5.3). 信中表达了由辛哲尔与我合作将这两篇文章分别在波

兰杂志 *Bull. Acad. Polon. Sci.* 与 *Annales Polon. Math.* 上发表的意向. 华罗庚与我表示同意. 我将已投交《数学学报》的稿子收了回来. 我与辛哲尔合作的这两篇文章分别在波兰于 1956 年与 1958 年发表了.

我投给《数学学报》的稿子是由北大闵嗣鹤审查的. 他在北大开设了"数论专门化", 共招收了四个学生. 闵嗣鹤鼓励他们多与数学所数论组的人交流, 多向华罗庚学习. 数学所数论组的人也把闵嗣鹤看成老师, 常常向他请教. 彼此间的关系很密切. 北大"数论专门化"的学生潘承洞、尹文霖与邵品琮常来数学所参加"哥德巴赫猜想"讨论班, 受到华罗庚的熏陶. 另一位同学侯天相来数学所比较少.

邵品琮也独立地对我的稿子做了改进, 得到了与辛哲尔一样的结果, 即将我关于 $\varphi(n)$ 的结果推广至 $\sigma(n)$. 我在回复希尔宾斯基的信时, 也将邵品琮的结果告诉了他们. 于是邵品琮也在波兰的 *Bull. Acad. Polon. Sci.* 上登了一个摘要.

当时我已读过瑞尼的文章, 知道如果将孪生素数猜想改成一个素数与一个殆素数对时, 则是可以证明的. 瑞尼用的是线性筛法. 将他的方法平行推广至高维筛法, 我们就可以将辛哲尔与我的结果中之整数 n 改为素数 p. 换言之, 我证明了：给予非负矢量 $\vec{a}=(a_1,\cdots,a_h)$ 及 $\varepsilon>0$, 存在正常数 $c_1(\vec{a},\varepsilon)$ 及 $x_1(\vec{a},\varepsilon)$, 使当 $x>x_1$ 时, 区间 $1<p\leqslant x$ 中适合

$$\left|\frac{\varphi(p+i)}{\varphi(p+i-1)}-a_i\right|<\varepsilon,\quad 1\leqslant i\leqslant h \tag{5.4}$$

的素数 p 的个数多于

$$\frac{c_1 x}{\log^{h+2} x \log\log x}. \tag{5.5}$$

同样, 将 (5.4) 中的 $\varphi(n)$ 换成 $\sigma(n)$, 结果仍成立. 我将这个结果写成了论文, 发表于《数学学报》1958 年第 1 期上.

在我写出第一篇文章时, 华罗庚很高兴. 他曾说: “中国没有几个教授写过这样水准的文章.” 可是当我做出第二篇文章时, 他就不高兴了. 他说:

“要有速度, 还要有加速度! ”

所谓 “速度”, 就是要出成果. 所谓 “加速度”, 就是成果的质量要不断地提高. 他严肃地对我说: “你要做大问题才行. ”

那时, 正值中央号召 “向科学进军”, 中国的科学技术很落后, 我国自己培养的年轻数学家能与外国数学家合作并在国外发表两篇文章, 被当成了一件大事. 不少报纸报道了这件事, 特别是《中国青年报》有整版篇幅加以介绍. 还登有希尔宾斯基的来信照片, 引起了轰动. 实际上, 我被当成了向科学进军有成绩的典型. 这件事使我在全国偶然成名了.

我对报纸的宣传是冷静的, 并没有放在心上. 我自己完全清楚这只是一次偶然的小成功而已. 但华罗庚的话却引起了我的深思.

5.2 (3, 4) 与 $(1, 4)_R$

华罗庚大概希望我用筛法尝试一下哥德巴赫猜想已有结果

的改进. 我不知道怎样才能将 Λ^2-筛法用于这个问题. 我很迫切地想看看哥德巴赫猜想讨论班计划中仅有的未读过的材料——布赫夕塔布的文章. 国内找不到早期的俄文杂志. 好不容易, 我才在美国杂志上找到一篇詹姆士的介绍性文章, 其中虽然提到了布赫夕塔布的工作, 但无细节.

这时, 我听说中科院图书馆进口了一批老的俄文杂志. 我立即到王府井中科院图书馆去借阅. 这批杂志刚到, 还没有编目, 堆满在书库的地上. 幸好管理员很同情我, 同意我在书库里就地看看. 我花了一整天时间, 将布赫夕塔布的两篇文章抄了下来.

我很快懂得了布赫夕塔布方法就是一个恒等式, 也可以看作筛函数的一个递推公式. 每递推一次, 筛函数的上、下界估计就可以得到一些改进.

首先是布朗在 1919 年对埃拉朵斯染尼筛法做了巨大改进, 从而证明了:

“每一个充分大的偶数都是两个素因子个数均不超过 9 的整数之和.”

我们将这个结果记为 (9, 9). 类似地, 我们可以定义 (a, b). 布朗的结果与方法被几次改进:

(7, 7) (拉代马海尔, 1924)

(6, 6) (埃斯特曼, 1932)

(5, 7), (4, 9), (3, 15), (2, 366) (黎切, 1937)

布赫夕塔布首先用布朗方法算出筛函数的上、下界, 我们称它为筛函数的初始值, 再用他的递推公式逐步改进, 这样就改进了单纯用布朗方法得到的结果. 他证明了：

(5, 5) (布赫夕塔布, 1938)

(4, 4) (布赫夕塔布, 1940)

问题已很明显, 我们只要能用赛尔贝格方法算出筛函数的上界, 再用布朗方法估出筛函数下界, 以它们作为初始值, 这样就可以用布赫夕塔布方法进行递推, 就可能改进 (4, 4). 现成的结果只有用 Λ^2-方法估出的筛函数的 "最大" 值, 还不能用作初始值.

那时, 我对筛法技巧已很熟悉. 用俗话说, 就是技巧已在指甲尖上, 只要有一点刺激就会开花结果. 我记得华罗庚随便说了一句："何不用赛尔贝格方法算算各个范围的筛函数上界？" 很快, 我就用 Λ^2-方法得出了在各个范围内筛函数的上界估计, 再加上布赫夕塔布文章上的筛函数下界估计, 以此作为筛函数的初始值, 反复用布赫夕塔布的方法递推几次, 得到了比 (4, 4) 更好的筛函数下界估计, 但还达不到 (3, 3). 这真是棘手了！幸好这里用的是二维筛法, 于是我证明了

$$(3, 4). \tag{5.6}$$

用这个方法, 在广义黎曼假设 (记为 GRH) 之下, 我证明了 (1, 4). 我们将这个条件结果记为

$$(1, 4)_R. \tag{5.7}$$

这就改进了埃斯特曼在 1932 年发表的结果 $(1, 6)_R$.

我将这两个结果写成两篇文章, 投给了《数学学报》, 分别发表于 1956 年第 3 期与第 4 期上.

第一篇文章使我得到特等稿费四百八十多元,第二篇文章的稿费为三百多元. 那时一个大学毕业生的月薪才五十多元, 这无疑是一大笔收入. 我花了三百多元买了一个欧米茄手表, 还做了一件呢大衣及一套西装.

5.3 (1, 3)

华罗庚不知从哪里听到一个误传：苏联有个数学家证明了 $(1,3)$. 他问我是怎么搞的？结果差得那么多！我赶紧托在苏联留学的浙大同学孙和生帮忙打听一下. 孙和生回了信, 并附有阿・维诺格拉朵夫关于 $(3, 3)$ 与 $(1, 4)_R$ 的文章手抄件. 我很快弄清楚, 他是由 Λ^2-方法, 再加上分析估计直接得到筛函数的下界估计的. 这一方法的强度应该与我证明 $(3, 4)$ 的方法的强度是一样的. 经过仔细验算, 我发现了他关于 $(3, 3)$ 证明中的漏洞. 我写信告诉了阿・维诺格拉朵夫. 一年后, 他在添加了新的想法之后, 证明了 $(3, 3)$.

数论组里, 谁在做什么, 念什么文章, 彼此都是知道的. 越民义要我注意一下孔恩的几篇筛法文章. 我看了一下美国《数学评论》上孔恩的文章结果, 得知他证明了：存在无穷多个 x, 使 x^2+1 可表为不超过 3 个素数之乘积. 但用 $(3, 4)$ 的证明方法做这个问题则需将孔恩结果中的 3 换成 4, 所以孔恩的文章中一定有新想法. 但遗憾的是国内找不到孔恩的文章.

华罗庚为此专门写信给吐朗, 托他要来孔恩的论文单印本.

那时还没有复印技术, 吐朗寄来了孔恩的论文照相. 我很快了解了孔恩的想法是将筛函数的上、下界组合运用, 从而得到更强的结果. 关于哥德巴赫猜想, 他证明了 (a,b), 其中 $a+b\leqslant 6$. 我将证明 (3, 4) 的方法与我做了改进的孔恩的方法结合起来, 立即就证明了

$$(3,3),\quad (a,b)\,(a+b\leqslant 5),\quad (1,3)_R. \tag{5.8}$$

实际上, 离证明 (2, 3) 已经非常接近了, 但需对筛函数做进一步改进, 即用布赫夕塔布方法迭代. 这需要数值计算一些单重积分. 数学所正好有一台机械式的台式计算机, 用这台机器做数值计算, 我终于证明了

$$(2,3). \tag{5.9}$$

我将这些结果写成了两篇摘要文章, 发表于 1957 年的《科学记录》上.

华罗庚很高兴地对我说: "真想不到你在哥德巴赫猜想本身就做出了成果." "你要是能够再进一步就好了. 如果上不去, 你这一辈子可能就是这样了. " 真让他说中了, 想不到我在 26 岁时就停住了, 以后在攻难题方面的确不再有进步.

受到潘承洞工作的启发, 1962 年, 我将 $(1,\ 3)_R$ 证明中的 GRH 换成了一个算术数列中素数的 "中值公式", 这个公式是庞比尼与阿・维诺格拉朵夫于 1965 年独立证明的, 从而完成了 (1, 3) 的证明. 1966 年, 陈景润发表了 (1, 2) 的摘要文章. 1973 年给出证明全文,《中国科学》要我审稿, 那时还在 "文化大革命"

之中, 极左横行. 我还是写下了 “未发现证明有错”, 使该文得以发表.

数论中极为重要的问题是很少的. 能够对这些问题做出进展固然要有实力, 但机遇亦非常重要. 这是可遇而不可求的, 一辈子能碰上一次就不错了. 应该说, 我的运气非常好, 我能够在华罗庚身边工作, 他正好倡议学习哥德巴赫猜想. 在我证明了 (2, 3) 之后, 他曾对他倡议学习哥德巴赫猜想很满意. 他说过:“如果我提出费马问题又会怎么样呢?” 当时费马问题很沉静, 直到 20 世纪 70 年代之后, 才又突然活跃了起来.

我在国内数学界已受到了普遍的关注. 我见到 1960 年出版的布赫夕塔布的教科书《数论》, 其中 (2, 3) 已作为一条定理列于其中. 我也是报纸上最常宣传的年轻数学家之一. 1956 年 1 月 20 日, 华罗庚在《中国青年报》上发表了文章《写给向科学堡垒进军的青年们》, 其中不指名地表扬了数学所的一些年轻数学家, 最突出的一个是以我为原型的. 他写道:“出现了突破难关性的数学论文, 这种论文大大地超过了新中国成立前 ‘洋博士’ 的水平”“诚如大家所知道的, 难关一破, 收获滚滚而来”.

几十年后, 我读到父亲的《自传》, 知道在 20 世纪 60 年代, 我的中学同学王乃骥在美国看到了我的文章, 他问过普林斯顿大学某教授, 彼答以:“这是一个有为的年轻数学家”. 王乃骥写信告诉了我的父亲. 这是我的父母第一次得知我是华罗庚的学生及我的现状. 以后, 在 “中研院” 院士大会上, 父亲跟陈省身聊天时曾谈起我. 那时, 陈省身已知道我的名字, 并给予了同样的评价.

我自己的心情却是复杂的. 一方面, 在中国数论界, 甚至数学界, 我已有一定的影响. 另一方面, 这一优势能保持多久? 毕竟我的所有工作都只是筛法的应用, 工作面很窄, 我没有自己的方法, 而哥德巴赫猜想再往下改进的可能性已很小. 我的心里仍不踏实, 甚至相当空虚.

我意识到我的工作都是"单刀直入式"的, 并不涉及较多数学领域. 我虽然比大学本科学生在拓扑学与泛函分析方面多花过一些工夫, 但离掌握这些学问、能够作为自己灵活使用的工具相比, 还不是一回事. 我意识到, 我的首要任务是扩大知识面, 在别的方面开拓工作.

正在这时, "鸣放"与接着的反右斗争已悄然展开. 1957 年, 我被下放到河北省藁城县倪家庄乡进行"劳动锻炼".

5.4 "顺 手 牵 羊"

1958 年, 我由农村回到了数学所, 这时已是一片沸沸扬扬的气氛, 所里来了很多年轻的进修教师.

"哥德巴赫猜想"讨论班早已结束, 但数论组仍然有一个讨论班. 我了解到他们刚刚报告完布尔吉斯 1957 年发表的关于模 p 最小二次正非剩余 n_p 的文章, 他证明了

$$n_p=O\left(p^{\frac{1}{4\sqrt{e}}+\varepsilon}\right), \quad \varepsilon>0,$$

此处与"O"有关的常数仅依赖于 ε. 这比依・维诺格拉朵夫的

结果

$$n_p=O\left(p^{\frac{1}{2\sqrt{e}}+\varepsilon}\right)$$

有了很大改进. 我立即读完这篇文章, 知道他是用韦依关于有限域上 L- 函数的类似黎曼猜想结果改进了模 p 的二次特征对应的特征和估计而做成的. 我意识到, 如果我能将模 p 的所有的特征对应的特征和估计都做出相应的改进, 则模 p 的最小原根 $g(p)$ 的估计就可以改进了. 我立即开始了紧张的攻关.

关于最小原根问题, 我只接触过《数论导引》第七章上写的华罗庚的结果. 所以, 一方面, 我估计复特征对应的特征和, 另一方面, 我将所有关于最小原根的文章都找出来阅读. 我特别注意到爱多士与夏皮罗的文章, 他们用筛法将华罗庚的结果

$$g(p) = O(2^m\sqrt{p})$$

改进为

$$g(p) = O(m^c\sqrt{p}),$$

此处 c 为一个绝对常数, $m = \omega(p-1)$ 表示 $p-1$ 的相异素因子个数. m 的最差估计为 $m = O(\log p/\log\log p)$. 我还注意到安基尼在 GRH 之下的结果:

$$g(p) = O(2^m\log^2 p\log^2(2^m\log^2 p)),$$

其中安基尼没有用到布朗筛法.

爱多士与夏皮罗所用的布朗筛法与我以前接触过的筛法不同. 它不是筛去某一区间中的所有素数的某些剩余类, 而是只筛

掉一个小素数集合中素数的剩余类. 由于这个素数集合的元素个数是“很少”的, 所以我们称这种筛法为“稀筛法”. Λ^2-方法在此就用不上.

关于布尔吉斯的特征和估计, 我仍未能推广至复特征. 于是, 我去询问华罗庚. 他说:“好像达文坡特有一篇特征和的文章, 也许与此有关, 你去查一下.” 我立即查阅了达文坡特发表于 1939 年的文章, 很快就将布尔吉斯的结果推广至模 p 复特征对应的特征和估计, 再用“稀筛法”就得到了预期的结果:

$$g(p) = O\left(p^{\frac{1}{4}+\varepsilon}\right), \quad \varepsilon > 0. \tag{5.10}$$

又在 GRH 之下, 应用“加权稀筛法”, 将安基尼的结果改进为

$$g(p) = O\left(m^6 \log^2 p\right). \tag{5.11}$$

我将这两个结果告诉了华罗庚. 他颇感意外, 他说了一句很夸奖我的话. 我将论文摘要投给《科学记录》, 发表于 1959 年. 几十年后, 这篇文章竟然在一些信息科学的文献上被征引, 实在始料未及. 这是一件“顺手牵羊”式的工作. 整个工作只进行了一个月.

1958 年, 中国科学院成立了中国科学技术大学 (科大), 位于北京市玉泉路. 华罗庚被任命为应用数学系 (应数系) 主任. 他亲自给应数系一年级学生开设高等数学基础课, 由我配合他一起教.

虽然这时我的研究领域已从筛法离开, 但我仍对筛法的进展

加以关注. 1963 年, 我改任 "数论与代数专门化" 的教学, 负责讲授 "数论导引" 课及指导毕业论文.

华罗庚多次对我说: "爱多士的数论工作就是布朗筛法的应用." 我听说 "概率统计专门化" 有人在学习爱多士等人关于正交拉丁方个数估计的文章, 于是我借来了左拉、爱多士与斯特劳斯合作的拉丁方文章来阅读. 他们研究了下述问题:

如果 s 个相异元素, 例如 $1,2,\cdots,s$, 构成的 $s\times s$ 方阵, 其中每一个元素都在方阵的每一行与每一列中恰好出现一次, 则称这种方阵为 s 阶拉丁方. 若将两个 s 阶拉丁方重叠在一起, 则上面拉丁方的每个元素都恰好遇见一次下面拉丁方的每个元素, 我们就称这两个拉丁方是正交的.

命 $N(s)$ 表示 s 阶的两两正交拉丁方的最大数目. 关于 $N(s)$, 欧拉曾猜想: 若 $s\geqslant 10$ 及 $s\equiv 2(\bmod 4)$, 则

$$N(s)=0.$$

1960 年, 玻色、斯里克汉得与帕克尔反证了欧拉猜想. 详言之, 他们证明了: 若 $s>6$, 则

$$N(s)\geqslant 2.$$

这一结果引起了轰动.

同年, 左拉等将布朗筛法与玻色等人的方法结合了起来, 将玻色等人的结果改进为

$$N(s)>\frac{1}{3}s^{\frac{1}{91}}.$$

这又是一个“顺手牵羊”的好机会！将证明 (3, 4) 的方法略加改进，我得到了估计：存在 s_0，当 $s > s_0$ 时，有

$$N(s) > s^{\frac{1}{26}}. \tag{5.12}$$

我的论文发表于《数学学报》1966 年第 3 期上. 这时，“文化大革命”已经开始，《数学学报》奉命停刊. 这篇文章正好搭上了最后一班车.

1971 年，“林彪事件”之后，数学所逐渐恢复了研究工作. 这时，我已进入丢番图分析的学习与研究，希望能从中寻求方法以解决华罗庚与我建议的高维数值积分公式的收敛问题. 我见到了卡塞尔斯的书——《数的几何引论》(1959)，上面有一条达文坡特定理：

命 Λ 为一个 n 维格. 命

$$\vec{c}_i, \quad 1 \leqslant i \leqslant n-1$$

为任意 $n-1$ 个矢量，则存在 Λ 的基 $\vec{a}_i$, $1 \leqslant i \leqslant n$，使对所有的实数 N $(\geqslant 2)$ 及 $\varepsilon > 0$ 皆有

$$|\vec{a}_i - N\vec{c}_i| = O(N^{\varepsilon}), \quad 1 \leqslant i \leqslant n-1,$$

此处与 “O” 有关的常数仅依赖于 Λ, ε 与诸 $\vec{c}_i$.

我看了证明后，立即意识到可以用“稀筛法”于这个问题. 我用“稀筛法”改进了达文坡特定理证明中的关键部分，即证明了：

命 $q \geqslant 2$ 为任何整数及 s,t 为满足 $(t,q)=1$ 的任何两个整数, 则存在绝对常数 K 使任何长度超过 $K\log^3 q$ 的区间中皆包含一个正数 u, 使 $(tu+s,q)=1$.

于是我将达文坡特结果中的估计 $O(N^{\varepsilon})$ 改进为

$$O(\log^3 N), \tag{5.13}$$

此处与 "O" 有关的常数仅依赖于 Λ 与诸 $\vec{c}_i$.

一个月就完成了这项 "顺手牵羊" 式的工作. 我写了一篇短文投给了《数学学报》. 那时, "文化大革命" 尚未结束, 但《数学学报》已复刊. 我的文章发表于 1975 年 12 月期上. 这是我在 "文化大革命" 爆发后发表的第一篇纯粹数学论文.

5.5 中国解析数论学派

刚开始研究筛法时, 我就企图用 Λ^2-方法推广朱那诺夫斯基用 Λ^2-方法得到的一个结果:

命 $0,u_1,\cdots,u_{m-1}$ 为两两互异的非负整数. 命 U_p 表示 0, $u_1,\cdots,u_{m-1}$ 属于 $\bmod p$ 不同剩余类之个数. 假定对所有 p 均有 $U_p<p$. 命 $Z_{u_1,\cdots,u_{m-1}}(N)$ 表示当 $x=1,\cdots,N$ 时, 使 $x,x+u_1,\cdots,x+u_{m-1}$ 同时为素数之 x 的个数. 则

$$\varlimsup_{N\to\infty} Z_{u_1,\cdots,u_{m-1}}(N)\frac{\log^m N}{N} \leqslant 2^m\cdot m!\prod_p \frac{\left(1-\dfrac{U_p}{p}\right)}{\left(1-\dfrac{1}{p}\right)^m}.$$

取 $m=2$ 及 $u_1=2$, 则 $Z_2(N)$ 就是不超过 N 的孪生素数对数. 我企图将上述结果中的线性函数 x 与 $x+u_i(1\leqslant i\leqslant m-1)$ 推广为既约多项式. 我注意到 $U_p<p$ 对于一切素数 p 成立就是

$$x(x+u_1)\cdots(x+u_{m-1}),\quad x=1,2,\cdots$$

没有固定素因子的充要条件. 于是我证明了:

命 $F(x)=F_1(x)\cdots F_m(x)$ 为一个对于所有整数 x, 没有固定素因子的 k 次整值多项式, 其中 $F_i(x)(1\leqslant i\leqslant m)$ 是既约且两两互异的整值多项式. 命 $Z(N,F(x))$ 表示当 $x=1,2,\cdots,N$ 时使 $F_1(x),\cdots,F_m(x)$ 同时为素数的 x 之个数. 则

$$\overline{\lim_{N\to\infty}}Z(N,F(x))\frac{\log^m N}{N}\leqslant m!2^m\rho_F,\tag{5.14}$$

此处

$$\rho_F=\prod_p\frac{\left(1-\dfrac{\omega(p)}{p}\right)}{\left(1-\dfrac{1}{p}\right)^m},\quad \omega(n)=\frac{h_n(k!n)}{k!},\tag{5.15}$$

其中 $h_n(k!n)$ 表示同余式 $F(x)\equiv 0(\bmod n)(0\leqslant x<k!n)$ 的解数.

取 $F_1(x)=x, F_i(x)=x+u_{i-1}$, $2\leqslant i\leqslant m$, 则得上面所说的朱那诺夫斯基定理.

熟知哈代与李特尔伍德用圆法猜得不超 N 的孪生素数对数的渐近公式. 将 (5.14) 右端换成 c, 使当 $F_1(x)=x, F_2(x)=x+2$ 时, c 与哈代和李特尔伍德关于孪生素数的猜想相一致, 则我们就可以猜想下面的渐近公式:

$$Z(N,F(x))\sim c_F\frac{N}{\log^m N}.\tag{5.16}$$

当时我考虑了很久, 到底要不要将这个猜想写进文章之中? 考虑到这仅仅是个猜想, 也不难猜出来, 就没有写进文章中去. 又由于这篇文章不难, 我就向《数学进展》投了稿, 发表于 1957 年, 以后见到辛哲尔与希尔宾斯基于 1958 年发表了这个猜想, 颇感遗憾.

通过筛法与哥德巴赫猜想的学习与研究, 我完全明确地认识到, 对数论而言, 方法创新比结果改进要重要得多. 我将这个看法询问过华罗庚, 他虽未置可否, 但可以看出, 他是认可的. 很多年以后, 华罗庚曾对我说: "一大堆理论, 如果没有应用, 就不会被认可." 这样看问题就更全面了. 所以华罗庚搞数论, 总是单刀直入地攻难题. 在这个过程中, 创新了方法或改进了已有的方法, 他的学生也都是这样来研究数论的. 我想这就是所谓中国解析数论学派的特征.

Series in Pure Mathematics – Volume 4
The Goldbach Conjecture
Second Edition
Yuan Wang
World Scientific

《哥德巴赫猜想》(第二版)

第 6 章 应用数学探秘

访：

1990 年的陈嘉庚物质科学奖，您和华罗庚教授的“数论在近似分析中的应用”(1978) 一举夺魁，这是数学家的工作得到科学界的承认，并给予了很高的荣誉. 这项工作在国际数学界和应用部门的反响也相当大，国外的书评不下 15 篇，引用就更多了.

我们很想了解一下，什么原因促使您去研究应用数学？又是如何实现从基础数学研究到应用数学数学研究的“华丽转身”？

6.1 投身应用数学

我投身于应用数学的学习与研究是有多方面原因的，大体上有以下原因：首先，我对数论感到一筹莫展. 筛法与哥德巴赫猜想的研究已无再发展的新意. 以后虽然在最小原根的研究取得成绩，但这只是一个短期行为. 因此我面临着必须改变研究方向的形势. 我的基础很窄, 若要继续从事数论研究, 则首先要念很多文献, 然后要有切入点, 估计短时间内很难改行. 对我来说, 纯粹数学的其他领域则相隔更远了. 第二, “大跃进” 的形势逼人. 所谓 “理论联系实际” 的压力极重, 形势逼着我向应用数学探秘. 第三, 我想最重要的还是经过一番探秘之后, 我很快了解了一些应用数学, 似乎未感到入门困难. 特别, 华罗庚与我一起做了一些成果, 找到了一条可以继续钻研之路. 由此使我产生了浓厚的兴趣去进一步深入澄清一些问题. 第四, 华罗庚也面临着同样的 “理论联系实际” 的压力, 他拉着我一起向应用数学探秘. 这给了我很大的信心. 第五, 我有爱国热情, 盼望能为国家建设作出直接贡献.

1958 年, 华罗庚与我同时向 “矿体几何学” “线性规划” 与 “伪蒙特卡罗方法” 探秘. 真未想到, 从这时开始的五十年来, 伪蒙特卡罗方法的研究与应用竟伴随了我的一生.

6.2 矿体几何学

1958 年, 华罗庚首先想到应该到其他学科中去找数学问题. 他想到采矿与水利等很多方面, 为此他要我到北京有关部门去了解一下情况. 我去了矿业学院、地质学院与石油学院等高等学校的数学教研室, 向他们请教是如何结合其学校的专业来搞数学的. 他们很热情地接待了我. 我从矿业学院与地质学院的数学老师那里借来了几本 “矿体几何学” 书. 华罗庚又从他的朋友陆淑芬那里学到了地理学家计算坡地面积的方法.

我读了"矿体几何学"的书,学到了实用的近似估计矿体储量或水库容积的方法,及近似估计坡地面积的方法. 这些方法都需要一张根据测量得到的"等高线图",即一张物体的平面截面图作为计算基础的. 例如,假定某坡地的地图是以 $\Delta h = \dfrac{h}{n}$ 为高程差的等高线图. 它有一个制高点 (l_n), 其高度为 h, 及等高线 $(l_{n-1}), \cdots, (l_0)$, 它们是由制高点向外一圈一圈地画出来的. 相邻两等高线 (l_{i+1}) 与 (l_i) 之间的高程差为 Δh, 而其平面投影面积则用 B_i 表之, 如图所示.

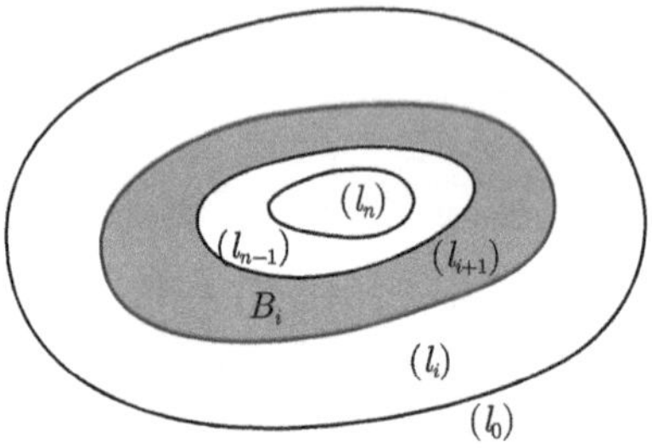

物体等高线图的平面投影

"矿体几何学"上介绍了估计坡地面积的鲍曼方法: (i) 求出两相邻高程间"直立隔板"的面积 $C_i = \dfrac{1}{2}(l_i + l_{i+1})\Delta h$, 此处 l_i 表示 (l_i) 的长度; (ii) $\sum\limits_{i=0}^{n-1} \sqrt{B_i^2 + C_i^2}$ 就是坡地面积的近似值.

陆淑芬向华罗庚介绍了地理学家计算坡地面积的伏尔柯夫方法: (i) $l = \sum\limits_{i=0}^{n-1} l_i$ 为诸等高线的长度总和, 及 $B = \sum\limits_{i=0}^{n-1} B_i$ 为坡地的投影面积; (ii) $\sqrt{B^2 + (l\Delta h)^2}$ 就是坡地的近似面积.

假定当 $\Delta h \to 0$ 时, 由上述两个方法得到的坡地面积分别

为 B 与 V, 而坡地的真面积为 S. 这三者之间有何关系? “矿体几何学” 书上并未论及. 华罗庚应用三维空间的柱面坐标证明了不等式:

$$V \leqslant B \leqslant S,$$

即这两个方法得到的坡地面积都比真面积偏小一些.

用柱面坐标, 我又对 “矿体几何学” 书上关于由等高线图求体积的方法做了研究, 得到了各种方法的比较, 还得到了一些新的算法. “矿体几何学” 的书都很厚, 书中是用初等几何的语言与方法来阐述这些计算方法的, 十分繁琐, 还欠精密.

用了一点微积分, 我们只用了十几页就将这些方法写出来了, 并做了精确的理论分析, 十分清楚. 我们将这些成果合写成一篇文章《关于在等高线图上计算矿藏储量与坡地面积的问题》, 发表于《数学学报》1961 年第 1 期上. 这是华罗庚与我最早的应用数学论文之一.

通过这项工作, 虽然我们学会了一些矿业、测量与水利方面所用的数学方法, 特别是写了一篇文章, 但 “矿体几何学” 涉及的数学毕竟较简单, 实在看不到还有什么数学问题可以做, 我们毅然地结束了这项工作.

6.3　线性规划

1958 年, 当中国数学界掀起 “理论联系实际” “数学直接为国民经济服务” 之风时, 长期在纯粹数学中, 按传统方式工作的数学家确实是茫茫然而手足无措了. 即使在被贴上 “理论联系实际” 标签的数学领域, 如微分方程与概率统计方面工作的数学家, 由于他们研究数学的指导思想与工作方式都跟研究纯粹数学的数学家一样, 所以同样是一筹莫展.

根据钱学森的倡导, 力学研究所成立了一个运筹学研究室. 他们结合线性规划、质量控制与投入产出法等, 边做理论工作, 边到工业部门去找应用问题做, 也就是所谓 “搞任务”. 他们曾编写过一本小册子, 普及 “运筹学”. 这时, “线性规划” 就像一道闪电, 打开了中国数学界的眼睛. 居然数学还可以直接为国民经济服务.

我读了他们编写的小册子, 很快就弄懂了所谓 “线性规划” 就是在一个由线性不等式定义的高维凸多面体 D 上求一个线性目标函数 $f(\vec{x})$ 的整体极值问题. 由微积分学可知, $f(\vec{x})$ 的整体极值, 一般不可能在 D 的内点取, 但它一定可以在 D 的边界 ∂D 上达到. 在 ∂D 上, 由于 $f(\vec{x})$ 仍然是线性的, 所以依次类推, 我们得到结论：使目标函数在 D 上达到整体极值的点一定可以在 D 的某个顶点达到. 所谓 “线性规划” 就是求出使 $f(\vec{x})$ 达到整体极值的 D 的顶点之近似计算方法.

当时, “线性规划” 的背景问题之一就是粮食的运输问题：假定有一张地图及一种粮食要运输, 在地图的道路上有 n 个城市 $A_1,\cdots,A_n$, 它们分别要发送 $a_1,\cdots,a_n$ 吨粮食; 道路上又有 m 个城市 $B_1,\cdots,B_m$, 它们分别要调进 $b_1,\cdots,b_m$ 吨粮食. 我们已知任何两城市间的距离, 并假定 $\sum_{i=1}^{n} a_i = \sum_{j=1}^{m} b_j$, 问怎样制定调度方案可使运力最小?

那时, “理论联系实际” “拔白旗” “浮夸风” 席卷全国科技界与教育界. 华罗庚靠边站了. 数学所的各研究室被取消了, 代之以按军队建制的四个指挥部, 各设一个总指挥及一个政治委员. 概率与统计、微分方程与泛函分析、数理逻辑与计算机逻辑设计各成立了一个指挥部. 数学所中在几个抽象学科, 如数论、代数、拓扑等工作的人, 则自寻出路. 一些人转到其他学科工作去了, 一些人则组成一个号称 “运筹学” 的指挥部, 由万哲先任总指挥, 朱永津为政治委员. 开始时, 万哲先很积极, 不久他就完全不积极了. 以后这个指挥部与力学所运筹室合并成数学所运筹研究室, 此乃后话.

我们数论组的许孔时与魏道政早就去了中科院计算所工作; 越民义与吴方加入了运筹室, 以后, 一直留在运筹室工作; 我亦加入了运筹室. 华罗庚在中科院筹组计算所时, 就兼任所长. 我花了一些时间弄清楚了线性规划, 其他如排队论与博弈论等, 我就很少问津了. 这时, 我仍关注着数论的进展及应用数学的其他途径.

在 “大跃进” 中, 数学所招收了一百多位来自高等院校的进修教师, 他们中的大部分人来自师范院校与工科院校. 他们在政治上是经过挑选的. 一般说来, 他们的数学水平比较差, 以前没有做过研究工作, 因此, 谈不上有什么 “研究方向” 这个 “包袱”.

在“大跃进”中, 他们就更“左”一些. 对于什么“理论联系实际”“打破旧体制”这一套就更容易接受, 更积极拥护一些. 数学所的一些基层领导权, 即四个指挥部的领导权与其他社会工作大都掌握在他们的手里. 直到 1961 年后, 他们才纷纷返回原单位.

我跟运筹室进修教师的个人关系很好. 由于我的数学基础较好及有一些做研究的经验, 所以我能较快地掌握线性规划的算法理论. 我与万哲先合写了一本小册子《物质调运工作中的数学方法》(科学出版社, 1959), 又与朱永津等一起执笔写了一本教科书《线性规划的理论及其应用》(高等教育出版社, 1959). 这两本书都是以“中国科学院数学研究所运筹研究室”的名义出版的. 它们的出版对进修教师的培养及在中国普及线性规划都起到了正面作用. 我常常给进修教师讲课, 或去运筹室举办的“运筹学短训班”讲课. 我了解到绝大多数进修教师都是希望多学点数学知识, 并真心把我当老师看的. 我们都会永远记住这一段相处的日子. 直到将近 50 年后的 2005 年, 我去重庆出差, 当年的进修教师谭玉清曾带着女儿、外孙到旅馆来看我. 同年, 我去西南师范大学访问时, 黄绍文立即来看我. 他们已是当地的骨干教师.

当时, 数学所对全国开放, 培养进修教师, 应该是有成绩的. 到 80 年代, 我任数学所所长时, 我与副所长杨乐首先想到的就是将数学所开放, 并招收进修教师. 这时, 中国已向世界开放, 而且全国的数学水平也提高了. 相对来说, 数学所的地位就不像以前那么高与重要了.

通过这段工作, 我了解了线性规划, 并参与了两本小册子的撰写及讲课. 同时, 我了解到这里用到的数学较简单, 看不到有什么数学问题可做, 特别是我的专长数论得不到发挥. 运筹学必须与"搞任务"相结合才行, 而我不愿意也很怕离数学走得太远, 于是我毅然地结束了这项工作.

6.4　伪蒙特卡罗方法

1958 年, 大家注意到苏联科学院 1957 年的工作总结, 其中提到了两项重要的数学成果: 一项为公用事业中的数学方法, 即"排队论", 另一项为"数论在多重积分近似计算中的应用". 据华罗庚回忆: 王元拿了一篇文章去找华罗庚谈, 文章主要讲积分近似计算中的蒙特卡罗方法, 文章指出计算积分所需的随机数服从一致分布等. 据王元回忆: 王元是拿了卡罗波夫的文章找华罗庚去的. 那天, 华罗庚很累, 不想看, 我说: "就看这一行, 行不行?" 华罗庚看后很兴奋地说: "蒙特卡罗方法实际上就是数论中一致分布论的应用. 这就好像隔着一层纸, 戳穿了就那么一点点东西."

总之在 1958 年, 我们就在苏联《科学记录》上见到了卡罗波夫关于数论在多重积分近似计算中应用的文章, 即 1957 年, 苏联科学院工作总结中提到的工作.

文章简单易懂. 假定 $f(\vec{x})$ 是一个在单位立方体

$$U_s : 0 \leqslant x_1, \cdots, x_s \leqslant 1$$

上, 对于每一个变数都有周期 1 的周期函数, 及它有傅里叶展开式:

$$f(\vec{x})=f(x_1,\cdots,x_s)=\sum_{-\infty}^{\infty}\cdots\sum C(m_1,\cdots,m_s)\mathrm{e}^{2\pi\mathrm{i}(m_1x_1+\cdots+m_sx_s)},$$

此处傅里叶系数满足

$$|C(m_1,\cdots,m_s)|\leqslant C/(\bar{m}_1,\cdots,\bar{m}_s)^{\alpha},$$

其中 $C>0$ 及 $\alpha>1$ 均为绝对常数, $\bar{m}=\max(1,|m|)$. 这种函数的全体构成的函数类记为 $E_s^{\alpha}(C)$. 习知

$$C(0,\cdots,0)=\int_{U_s}f(\vec{x})\mathrm{d}\vec{x},\quad \mathrm{d}\vec{x}=\mathrm{d}x_1\cdots\mathrm{d}x_s. \tag{6.1}$$

取 p 为一个素数, 卡罗波夫建议用单和

$$\frac{1}{p^2}\sum_{k=1}^{p^2}f\left(\frac{k}{p^2},\frac{k^2}{p^2},\cdots,\frac{k^s}{p^2}\right) \tag{6.2}$$

来逼近多重积分 (6.1). 将 $f(\vec{x})$ 的傅里叶表达式代入 (6.2), 并做 (6.1) 与 (6.2) 之差即得

$$\begin{aligned}\Delta&=\int_{U_s}f(\vec{x})\mathrm{d}\vec{x}-\frac{1}{p^2}\sum_{k=1}^{p^2}f\left(\frac{k}{p^2},\frac{k^2}{p^2},\cdots,\frac{k^s}{p^2}\right)\\&=\frac{1}{p^2}\sum_{k=1}^{p^2}\sum_{\vec{m}}{}'C(m_1,\cdots,m_s)\mathrm{e}^{2\pi\mathrm{i}(m_1k+\cdots+m_sk^s)/p^2},\end{aligned}$$

此处 $\sum\limits_{\vec{m}}{}'$ 表示在求和记号中去掉 $m=\vec{0}=(0,\cdots,0)$ 一项, 所以对于所有 $f\in E_s^{\alpha}(C)$, 误差上界为

$$|\Delta|\leqslant\sum_{\vec{m}}{}'\frac{C}{(\bar{m}_1,\cdots,\bar{m}_s)^{\alpha}}\left|\frac{1}{p^2}\sum_{k=1}^{p^2}\mathrm{e}^{2\pi\mathrm{i}(m_1k+\cdots+m_sk^s)/p^2}\right|. \tag{6.3}$$

因此误差 (6.3) 的估计归结为 (6.3) 右端之完整三角和的估计. 这种完整三角和的估计, 华罗庚已做过. 在此, 卡罗波夫取三角和的项数为素数 p 的平方, 所以得到特别精密的估计:

$$\frac{1}{p^2}\sum_{k=1}^{p^2}\mathrm{e}^{2\pi\mathrm{i}(m_1k+\cdots+m_sk^s)/p^2}=O(p^{-1}),$$

从而得到

$$|\varDelta|=O(p^{-1}).$$

这一估计主阶与积分之维数 s 无关. 这是一个令人非常吃惊的结果.

1959 年, 我们见到了卡罗波夫的下一篇文章, 他用

$$\frac{1}{p}\sum_{k=1}^{p}f\left(\frac{a_1k}{p},\cdots,\frac{a_sk}{p}\right) \tag{6.4}$$

来逼近 (6.1), 其中 $\vec{a}=(a_1,\cdots,a_s)$ 为一个仅依赖于 p 的整矢量. 他证明了存在整矢量 $\vec{a}$ 使逼近的误差不超过

$$O(\log^{\alpha s}p/p^{\alpha}). \tag{6.5}$$

从计算数学的角度看, 他的结果不能算 "构造性" 的, 所以欲得到一个构造性的方法, 就成为中心问题了.

实际上, (6.1) 与 (6.4) 之差的上界为

$$\left|\int_{U_s}f(\vec{x})\mathrm{d}\vec{x}-\frac{1}{p}\sum_{k=1}^{p}f\left(\frac{a_1k}{p},\cdots,\frac{a_sk}{p}\right)\right|$$
$$\leqslant\sum_{a_1m_1+\cdots+a_sm_s\equiv0(\mathrm{mod}p)}{}' \frac{C}{(\bar{m}_1,\cdots,\bar{m}_s)^{\alpha}}=\varDelta'.$$

所以欲使 Δ' 较小, 则必须取整矢量 $\vec{a}=(a_1,\cdots,a_s)$ 使同余式

$$a_1m_1+\cdots+a_sm_s\equiv 0(\mathrm{mod}p)$$

在尽可能大的区域

$$\bar{m}_1,\cdots,\bar{m}_s\leqslant M$$

中只有一个寻常解 $\vec{m}=\vec{0}$, 即要求 M 尽可能大.

华罗庚以其特有的、很强的数学直观能力及从具体例子入手的单刀直入式之研究方法, 建议我先用连分数试一下 Δ' 的下界估计问题. 关于 Δ' 的下界, 显然有 $\Delta'\geqslant C/p^{\alpha}$. 我用连分数证明了 $\Delta'\geqslant Cc\log p/p^{\alpha}$, 稍微占有一点便宜. 华罗庚进一步建议我用黄金数 $\dfrac{\sqrt{5}-1}{2}$ 与斐波那契序列来试一下二重积分的上界估计. 那时, 我的连分数知识只有《数论导引》上面那么一点点. 因为 $\dfrac{\sqrt{5}-1}{2}$ 是一个分母为 2 的数, 似不方便. 我就换成了 $Q(\sqrt{2})$ 中的单位 $\sqrt{2}-1$ 来做, 从而证明了一个二维求积公式:

$$\int_0^1\int_0^1 f(x_1,x_2)\mathrm{d}x_1\mathrm{d}x_2-\frac{1}{q}\sum_{k=1}^{q}f\left(\frac{a_1k}{q},\frac{a_2k}{q}\right)=O\left(\frac{\log q}{q^{\alpha}}\right), \quad (6.6)$$

此处

$$f\in E_2^{\alpha}(C),\quad a_1=1,\quad a_2=p_n=\frac{1}{2}\left((1+\sqrt{2})^n+(1-\sqrt{2})^n\right)$$

及

$$q=q_n=\frac{1}{2\sqrt{2}}\left((1+\sqrt{2})^n-(1-\sqrt{2})^n\right).$$

这改进了 (6.5). 由下界估计即可知这一公式的误差阶是臻于至善的, 而且是可构造的, 在此

$$\lim_{n\to\infty}\frac{p_n}{q_n}=\sqrt{2}.$$

若按华罗庚最初的建议, 则应该 $a_1=1$, $a_2=p_m=F_{m-1}$, $q=q_m=F_m$, 其中 $\{F_m\}$ 为斐波那契序列, 即适合递推公式 $F_0=0$, $F_1=1$, $F_m=F_{m-1}+F_{m-2}(m\geqslant 2)$ 的整数序列. 这时,

$$\lim_{m\to\infty}\frac{F_{m-1}}{F_m}=\frac{\sqrt{5}-1}{2}=2\cos\frac{2\pi}{5}.$$

华罗庚想到了将二维推广至高维的途径, 即用分圆域 $Q\left(2\cos\frac{2\pi}{p}\right)$ 的一组独立单位系来构造模 n 的整矢量 $\vec{a}=(a_1,\cdots,a_s)$. 他的这个构想, 我工作了多年才完全弄清楚.

我们将二维求积公式 (6.6) 与数值积分的下界估计一起, 联名写了一篇论文《关于多重积分的近似积分的若干注记》, 发表于《科学记录》1960 年第 1 期上. 后来见到文献得知, 以斐波那契序列构造的公式 (6.6) 之类似也已由巴赫瓦洛夫独立地证明了. 我们的证明方法是不同的.

6.5 华—王方法

实际上, 斐波那契序列与黄金数 $\frac{\sqrt{5}-1}{2}$ 之间是有密切关系的, 即

$$\left|\frac{F_{n-1}}{F_n}-\frac{\sqrt{5}-1}{2}\right|<\frac{1}{\sqrt{5}F_n^2},$$

(见华罗庚《数论导引》第十章). 进而言之, 我们有

$$\left(\frac{\sqrt{5}+1}{2}\right)^n = F_{n-1} + F_n\left(\frac{\sqrt{5}+1}{2}\right), \quad n = 1, 2, \cdots. \qquad (6.7)$$

由于 $\frac{\sqrt{5}+1}{2}$ 是二次域 $Q(\sqrt{5})$ 的单位, 而 $\left(1, \frac{\sqrt{5}+1}{2}\right)$ 是 $Q(\sqrt{5})$ 的一组基底, 二维伪随机数列就是

$$\left(\frac{k}{F_n}, \left\{\frac{F_{n-1}k}{F_n}\right\}\right), \quad k = 1, \cdots, F_n, \quad n = 2, 3, \cdots.$$

此处 $\{x\}$ 表示 x 的分数部分. 考虑到 $\frac{\sqrt{5}-1}{2} = 2\cos\frac{2\pi}{5}$, 华罗庚提出将域 $Q(\sqrt{5})$ 推广至 $Q\left(2\cos\frac{2\pi}{p}\right)$, 其中 $p \geqslant 7$ 为素数. 这是一个次数为 $s = \frac{p-1}{2}(\geqslant 3)$ 的全实代数数域. 我们知道它有一组独立单位系 $\varepsilon_1, \cdots, \varepsilon_{s-1}$, 及一组整底:

$$\omega_j = 2\cos\frac{2\pi j}{p}, \quad j = 1, \cdots, s.$$

由 $\varepsilon_1, \cdots, \varepsilon_{s-1}$, 我们可以构造出一个单位系 $\eta_1 < \eta_2 < \cdots$, 满足

$$\eta_j^{(i)} \ll \eta_j^{-\frac{1}{s-1}}, \quad i = 2, \cdots, s, \qquad (6.8)$$

其中 $\eta_j^{(1)} = \eta_j$, $\eta_j^{(i)}(2 \leqslant i \leqslant s)$ 为 η_j 的共轭数. 若 $s = 2$, 则

$$\eta_j = \eta_j^{(1)} = \left(\frac{\sqrt{5}+1}{2}\right)^j, \quad \eta_j^{(2)} = \left(\frac{\sqrt{5}-1}{2}\right)^j.$$

仿照 $s = 2$ 时的 (6.7), 将 η_j 按整底展开即得

$$\eta_j = n_1\omega_1 + \cdots + n_s\omega_s,$$

所以可得 s 维伪随机序列：

$$\left(\frac{k}{n_1},\left\{\frac{n_2k}{n_1}\right\},\cdots,\left\{\frac{n_sk}{n_1}\right\}\right),\quad k=1,2,\cdots,n_1.$$

这就是当时华罗庚提出的构造高维伪随机序列的框图. 有一段日子, 我每天去华罗庚家, 与他一起共进早餐. 饭后, 我们就一起研究如何估计用这组伪随机序列构造的求积公式的误差. 我们得不出误差的理论估计, 于是我想到, 由

$$\lim_{m\to\infty}\frac{F_{m-1}}{F_m}=\frac{\sqrt{5}-1}{2},$$

应该使 $n_1,\cdots,n_s$ 具有下述性质：

$$\lim_{n_1\to\infty}\frac{n_j}{n_1}=\omega_j,\quad j=2,\cdots,s$$

才行. 我将上面的框架加以修改使有上述性质. 经简化得到的最后形式如下.

命

$$n_j=\sum_{l=1}^{s}\eta_j^{(l)},\quad h_j^{(i)}=\sum_{l=1}^{s}\omega_i^{(l)}\eta_j^{(l)},\quad i=2,\cdots,s,$$

则 n_j 与 $h_j^{(i)}$ 都是有理整数, 由 (6.8) 立即得知

$$\left|\frac{h_j^{(i)}}{n_j}-\omega_i\right|=O\left(n_j^{-1-\frac{1}{s-1}}\right),\quad i=2,\cdots,s.$$

于是得到伪随机序列

$$\left(\left\{\frac{k}{n_j}\right\},\left\{\frac{h_j^{(2)}k}{n_j}\right\},\cdots,\left\{\frac{h_j^{(s)}k}{n_j}\right\}\right),\quad k=1,2,\cdots,n_j.\tag{6.9}$$

我在研究这个课题时,代数数论的知识仅为华罗庚《数论导引》之第十六章. 在学习《数论导引》时, 我感到最困难的就是这一章. 我对一些概念只是形式上的理解, 对于共轭数、共轭域、单位等, 既感到陌生, 更谈不上掌握运用. 代数数域的单位构成一个有限生成阿贝尔群 (狄利克雷定理), 但这仅为一条存在性定理. 在应用数学中, 我们需要的是构造性结果, 即要求有单位的具体表达式. 这就推动了我更深入地学习代数数论, 边学边干. 除二次域外, 我们还不知道基本单位表达式的例子. 但我们很幸运地在希尔伯特的《数论报告》中找到了分圆域 $Q\left(2\cos\frac{2\pi}{p}\right)$ 的一组独立单位, 即调整子非零的一组单位系. 利用它, 我们构造出了一列适合 (6.8) 的单位系, 从而得到了伪随机序列 (6.9). 这样我们就可以得出求积公式:

$$\int_{U_s} f(\vec{x})\mathrm{d}\vec{x} \approx \frac{1}{n_j}\sum_{k=1}^{n_j} f\left(\frac{k}{n_j}, \left\{\frac{h_j^{(2)}k}{n_j}\right\}, \cdots, \left\{\frac{h_j^{(s)}k}{n_j}\right\}\right). \quad (6.10)$$

我们还不会估计 (6.10) 的误差.

我们已知由卡罗波夫方法得到伪随机数列:

$$\left(\left\{\frac{a_1k}{p}\right\}, \cdots, \left\{\frac{a_sk}{p}\right\}\right), \quad k = 1, 2, \cdots, p$$

中的整矢量 $\vec{a} = (a_1, \cdots, a_s)$ 所需的初等运算之计算量为

$$O(p^2),$$

而对于模 p_1p_2 可以减至 $O((p_1p_2)^{4/3})$. 因此卡罗波夫仅算出了

$s=3,\cdots,10$ 时的一些伪随机数列, 而得到数列 (6.9) 只需

$$O(\log n_j)$$

次初等运算. 我在数学所的一台机械台式计算机上用华罗庚最初的建议算出了一组 11 维空间的伪随机数列:

$$\left(\left\{\frac{a_1 k}{q}\right\},\cdots,\left\{\frac{a_{11}k}{q}\right\}\right),\quad k=1,2,\cdots,9, \tag{6.11}$$

其中

$$\begin{aligned} q&=698047, & a_1&=1, & a_2&=685041,\\ a_3&=646274, & a_4&=582461, & a_5&=494796,\\ a_6&=384914, & a_7&=254860, & a_8&=107051,\\ a_9&=642292, & a_{10}&=467527, & a_{11}&=284044. \end{aligned}$$

我请计算所的朋友将数列 (6.11) 对应的求积公式的误差上界算了出来. 华罗庚与我将这些结果写成文章, 发表于《中国科学》1965 年第 964-978 页上. 1966 年, "文化大革命" 开始,《中国科学》即奉命停刊. 我们总算搭上了 "最后一班车".

1972 年, 华罗庚参加了以廖承志为团长的访日代表团, 他得知我们的方法在国外已被同行知晓. 哈勃首先在一篇文章中论述了这个方法, 并称之为 "华–王方法".

伪随机数列 (6.9) 的偏差及求积公式 (6.10) 的误差如何估计? 我已预感到需要在代数数论、丢番图分析及数的几何学中去寻找工具. 这极大地刺激了我学习这些领域的积极性. 我广泛地浏览了这些方面的书并精读了少量经典书籍, 如黑克的《代数数论》及卡塞尔斯的《丢番图逼近论》等. 在图书馆里, 我偶

然见到了施密特发表在 *Acta Math.* 上关于代数数联立逼近的文章, 正好可以用于解决我们的问题. 于是我得到了 (6.9) 的偏差及 (6.10) 的误差估计.

虽然 "文化大革命" 尚未结束, 但在 "九一三事件" 后, 已有部分学术杂志复刊了. 华罗庚与我将上述结果写成文章发表于《中国科学》(1973, 339-357; 1974, 304-322) 上.

分圆域方法主要在于求得一个单位序列 $\eta_1 < \eta_2 < \cdots$ 适合 (6.8). 若我们能够找到一个代数整数系 $\alpha_1 < \alpha_2 < \cdots$, α_j 本身较大, 而其共轭数均较小, 则我们可以用 $\{\alpha_j\}$ 来代替 $\{\eta_j\}$. 基于这个想法, 华罗庚与我想从连分数的推广中寻找工具. 我找到伯恩斯坦的书《雅克比–帕朗算法》, 这是连分数的推广. 我们还在文献中找到了 PV(皮索–维佳雅嘉房) 数的定义.

假定 α 适合既约整系数方程:

$$f(x) = x^s - a_{s-1}x^{s-1} - \cdots - a_1 x - a_0 = 0,$$

并假定

$$\alpha(=\alpha^{(1)}) > 1, \quad \left|\alpha^{(2)}\right| \leqslant \cdots \leqslant \left|\alpha^{(s)}\right| \leqslant 1,$$

则称 α 为一个 PV 数.

命 $\alpha_j = \alpha^j (j = 1, 2, \cdots)$. 我们以 α_j 代替 η_j, 则由上节的办法, 即可得 $\alpha_j^k (1 \leqslant k \leqslant s-1)$ 的联立有理逼近

$$\left|\frac{S_{n+k}}{S_n} - \alpha_j^k\right| \ll S_n^{-1-\rho}, \quad 1 \leqslant k \leqslant s-1, \tag{6.12}$$

此处 $\rho=-\log|\alpha_j^{(s)}|/\log\alpha^j$ 及 $S_l=\sum\limits_{i=1}^{s}\alpha^{(i)l}$ 为有理整数.

欲 (6.12) 右端较小, 即 ρ 比较大, 就必须找到一个方程 $f(x)=0$, 它除了有一个较大的实根 α 之外, α 的共轭数的绝对值都差不多大小, 则由 $\{\alpha^j\}$ 即可以代替分圆域方法中的 $\{\eta_j\}$. 这样做的好处在于 α^j 的共轭数之和可以化为初等对称函数, 它可以通过牛顿公式来计算. 所以计算更为简便. 然而除 $s=3$ 外, 找不到 PV 数 α 使

$$\left|\alpha^{(i)}\right|=\alpha^{-\frac{1}{s-1}},\quad 2\leqslant i\leqslant s,$$

所以精密度总比分圆域方法差一些.

因此, 关键问题在于找一个好的 PV 数. 我们首先想到了黄金数的推广, 即考虑方程

$$F(x)=x^s-x^{s-1}-\cdots-x-1=0.$$

在此注意, 当 $s=2$ 时, $F(x)=0$ 的根即为 $\dfrac{1\pm\sqrt{5}}{2}$.

我们可以证明 $F(x)$ 为一个既约多项式及 $F(x)=0$ 的最大实根 η 及共轭数满足

$$2-2^{-(s-1)}<\eta<2-2^{-s}$$

与

$$\left|\eta^{(i)}\right|\leqslant\eta-1,\quad 2\leqslant i\leqslant s.$$

所以 η 是一个 PV 数.

命

$$F_0=\cdots=F_{s-2}=0,\quad F_{s-1}=1,$$

$$F_{n+s}=F_{n+s-1}+F_{n+s-2}+\cdots+F_n,\quad n=0,1,\cdots.$$

$Q(\eta)$ 有一组整底：

$$\omega_l=\eta^{l-1}-\cdots-\eta-1,\quad 1\leqslant l\leqslant s.$$

我们得

$$\left|\frac{F_n(j)}{F_n}-\omega_j\right|=O\left(F_n^{-1-\frac{1}{2^s\log 2}-\frac{1}{2^{2s+1}}}\right),\quad 2\leqslant j\leqslant s,$$

其中

$$F_n(j)=F_{n+j-1}-F_{n+j-2}-\cdots-F_n,\quad 2\leqslant j\leqslant s.$$

于是得到伪随机数列：

$$\left(\frac{k}{F_n},\left\{\frac{F_n(2)k}{F_n}\right\},\cdots,\left\{\frac{F_n^{(s)}k}{F_n}\right\}\right),\quad 2\leqslant k\leqslant F_n.$$

我们还可以考虑既约多项式：

$$G(x)=x^s-Lx^{s-1}-1,$$

当 L 较大时, 比用 $F(x)$ 得到的结果要好些.

华罗庚与我将这方面的结果写成文章, 发表于《中国科学》(1975, 184-198) 上.

这时, 计算所已有了较先进的计算机, 张荣肖在机器上用上面这些方法算出了当 $12\leqslant s\leqslant 18$ 时的一些伪随机数列.

6.6　《数论在近似分析中的应用》书评

早在 1961 年, 华罗庚就曾与我合写过一本小册子《积分的近似计算》(科学出版社, 1961). 两年后, 又出了该书的修订本《数值积分及其应用》. 我还写过一篇综合性论文《论积分的近似计算及其应用》(《数学进展》, 1962, 1-44). 在这些著作中, 均未包括华罗庚与我的主要成果, 即分圆域方法与 PV 数方法. “文化大革命” 结束后, 我们写成专著《数论在近似分析中的应用》(科学出版社, 1978), 对这一领域进行了较全面的总结. 科学出版社与施普林格出版社欲联合用英文出版一批国内优秀数学专著, 这本书是该系列丛书的第一本. 自从该书于 1981 年出版后, 已见到十多篇评论. 由于这本书是这一领域第一本较全面的总结, 所以在该领域往后的著作中, 常常是以这本书为基础的. 现在列举一篇书评于下:

数论有什么用处呢? 谁也不怀疑, 许多数学分支之所以存在, 应该归功于 “现实世界” 提出的问题, 例如物理学、工程技术等提出的问题. 熟知的例子有微积分, 还有天体力学中需要的微分方程理论, 以及流体力学中必不可少的偏微分方程, 等等. 但是, 数论怎样呢? 数论专家们为了应付我们第一个问题 (通常是非数学家提出来的), 往往感到必须使提问人相信数论也可以是有用的. 有时提出数论在结晶学问题上的应用, 近来还提到在密码学上的应用. 为什么一定要指出数论在常识意义下的某种 “用处”

《数论在近似分析中的应用》

呢？这个问题也是本评论员百思不得其解的. 有一点看来是确凿无疑的，就是 Diophantus, Fermat 和 Gauss 都是出自数论内在的趣味及其特有的美而研究人类知识的这一领域的：他们确实毫不在乎他们那些优美的定理是否会有什么“有用的”应用.

尽管如此，像“最纯粹的”数学家发展起来的许多别的数学分支一样，原来数论也有自身以外的应用. 除了密码学以及物理学中有关格子点的若干问题 (结晶学问题就是其中之一，理想气体的研究是又一问题，见 [2]) 外，还可以举出数论的许多应用，例如计算机理论 (见 [9, 第 2 卷])、随机数的产生 (见 [15] 或 [4])，等等.

Zaremba 编辑的著作 [23] 以及华罗庚、王元所著本书，这两种较近的出版物使人们注意到数论应用又一个广阔的天地，即数值分析.

现在，数论专家如果感到有必要以数论的“用处”向世人说明应该喜爱这一领域，他就可以理直气壮地提出的确需要[23] 和华罗庚、王元著作中的那种精深奥妙的数论，还可以举出 Knuth 的《计算机程序编制技巧》[9] 以及 Dieter 的若干文章 (例如见 [23, 287-317] 和 [5])，等等.

Zaremba 编辑的文集在相当广泛的意义下讨论了数论对数值分析的应用，而华罗庚、王元的著作却全力以赴地只讨论一个主要问题，即多重积分的数值计算，实际上，本书十章中前八章是专讲这个问题的，只是最后两章才讨论别的问题 (插值法、积分方程和微分方程). 数值积分几乎和积分一样源远流长，某些经典的多项式插值公式应该归功于牛顿; 事实上, 牛顿本人 (在 1676 年, 例如见 [10, 第 23 页]) 就曾利用这些公式对定积分进行近似计算. 较为著名而精确的 "机械积分"(直到晚近习惯上还称为数值积分, 特别是单变数积分, 例如见 [10] 和 [16]) 公式, 有 Simpson, Weddle, Stirling, Bessel, Lagrange 和 Gauss 等人的公式. 这些公式尽管原来只是就单积分设计出来的, 但不久就通过迭代法用来计算二重积分了. 不过, 对于涉及这些公式的最重要的问题, 即估计最大误差项问题, 数论却几乎不起任何作用, 这种估计是用分析方法得到的.

求积分式的主要思想, 是把积分 $\int_a^b f(x)\mathrm{d}x$ 换成有限和 $\sum_{n=0}^{k} a_n f(x_n)$, $a = x_0 < x_1 < \cdots < x_k = b$, a_n 不依赖于 f, 使得误差项的大小

$$R_k(f) = \left| \int_a^b f(x)\mathrm{d}x - \sum_{n=0}^{k} a_n f(x_n) \right|$$

尽可能小, 这里 f 是某已知函数类的任何函数 (例如有界变差函数、连续函数、二次可微函数, 等等).

在许多公式中, 点 x_n 不过是把区间 $[a,b]$ 分成 k 个相等部分而得到的. 可是, 在 Gauss 公式中, 如果考虑标准区间 $[-1,+1]$, 则诸 x_n 是第 n 个 Legendre 多项式的零点. Gauss 证明: 就同样的计算量 (例如, 由所用项数及精度估计) 而言, 适当选择分点可以使结果得到可观的改进.

这点说明可以看成是许多未来发展的出发点. 事实上, 我们有下述问题: 我们能否选取计算被积函数的诸点, 使得最少量的这种

函数值, 也许加上适当权数, 其平均值将给出单位区间上的积分值, 误差最小? 其次, 这种方法能否用于任意有限维欧氏空间? 这第二个问题是很不简单的. 其实, 任何单变数积分 $\int_a^b f(x)\mathrm{d}x$, 都可以利用该变数的简单线性变换化为标准单位区间 $[0,1]$ 上的积分. 可是, 即使就二维而言, 情况也不再如此: 并非每条简单闭曲线, 即使是凸曲线, 都能由相似变换和刚性运动变成单位正方形. 高维情形问题更加困难, 尤其是非凸区域的情形, 可是, 即使就这些情况而言, Riemann 积分的定义本身也表明, 如果我们求一个适当光滑函数的平均值, 取值点充分多、充分规则地分布在形状相当任意的单位体积的区域上, 那么我们应该得到这个函数在已知区域上的积分的一个好的近似值.

由于电子计算机的出现, 现在有可能使这种方法得到落实. 点的选择加进了随机因素, 使这种方法获得 Monte Carlo① 方法的名称. Monte Carlo 方法取得过一些成绩, 但很快就看出了它的局限性. 人们再一次认识到, 适当选点可以使结果得到改进. 这个想法是 Korobov (见 [11], [12] 和 [13]) 20 多年前实现的, Hlawka 也独立地、几乎同时认识到这一点 [8]. 这些事件标志着把数论彻底用于数值分析的开始. 以后不久, Conroy 也是独立地利用一种类似的方法来估计物理化学中出现的一个多重积分 (见 [3]). 今天, Korobov 原来称为**最优系数法**的这一方法, 通常叫做**良格点**(g.l.p.) 方法.

---

① 摩纳哥城市名, 为世界著名赌城, 因此与随机抽样有关的方法多借用此名. ——译注

这个方法的主要思想如下. 如前, 要求积分 $\int_0^1 \cdots \int_0^1 f(\vec{x})\mathrm{d}\vec{x}$ 的有限和逼近, 这里 $\vec{x}=(x_1,\cdots,x_s)$ 是 s 维欧氏空间的向量, $\mathrm{d}\vec{x}=\mathrm{d}x_1\cdots\mathrm{d}x_s$. 如果假设 $f(\vec{x})$ 对于它的 s 个变数的每一个都是周期为 1 的周期函数, 那么方法的精确度将得到很大的提高. 这就是说, 该函数有一个多重 Fourier 级数 $f(\vec{x})=\sum\limits_{\vec{m}} C(\vec{m})\mathrm{e}^{2\pi\mathrm{i}(\vec{x},\vec{m})}$, 这里 $\vec{m}$ 通过 s 维空间中所有整数向量, $(\vec{x},\vec{m})=\sum\limits_{i=1}^{s} x_i m_i$ 是内积. 在这些条件下, 我们考虑形如 $n^{-1}\sum\limits_{r=1}^{n} f(r\vec{\alpha}/n)$ 的和式. Korobov 和 Hlawka 都证明: 可以选取向量 $\vec{\alpha}=\vec{\alpha}(n)$, 使得对某个函数类的所有函数 f 有

$$\left|\int_0^1 \cdots \int_0^1 f(\vec{x})\mathrm{d}\vec{x}-\frac{1}{n}\sum_{r=1}^{n} f\left(\frac{r}{n}\vec{\alpha}\right)\right| \leqslant Cn^{-\alpha}(\log n)^{\beta},$$

这里 C 是绝对常数 (就已知函数类而言), α 依赖于这些函数的光滑程度. 向量 $\vec{\alpha}=\vec{\alpha}(n)$ 必须按照某种 (不唯一确定的) 方法选取, 使得丢番图方程

$$(\vec{\alpha},\vec{m})\equiv 0\ (\mathrm{mod} n), \quad \vec{m}\neq\vec{0} \qquad (*)$$

不会有 "小" 解 $\vec{m}=(m_1,\cdots,m_s)$. 特别是, 若令 $\bar{m}_i=\max(1,|m_i|)$, 则要求对 $(*)$ 所有的解 $\vec{m}$ 而言, $\|\vec{m}\|=\prod\limits_{i=1}^{s}\bar{m}_i$ 应超过某个下界 (例如见本书引理 3.9). 我们一旦决定了选取 $\vec{\alpha}$ 作为 n 的函数的方法, 就可以利用 α 的值算出 β. 显然, 取 n 相继增大, 我们可以把误差降低到任何事先指定的界限以下, 但是对每个新的 n, 必

须重新计算 $\vec{\alpha}=\vec{\alpha}(n)$, 这是整个过程中最费时间的部分. 按照用来确定 $\vec{\alpha}$ 的方法, 两位作者定义了 p 点、良点 (g.p.) 以及良格点 (g.l.p.). 就本评论的目的而言, 我们基本上不管这些区别.

虽然有一个定理说, 良点集的测度是 1, 但实际造出哪怕一个良点也不是轻而易举的事 (见 [1], [17], [18]). Korobov, Zaremba[19,21], Halton[7] 以及其他人都提出了省劲的构造 g.l.p 的方法, 但是对于这个课题最重要的贡献之一应该归功于本书的两位作者 (顺便说说, 他们定义 g.l.p 的方式与以前的作者们稍有不同).

这个问题一旦解决, 就应该把结果推广到两个方向: (a) 考虑周期不为 1 的周期函数; (b) 考虑不是 s 维方体的区域. 处理问题 (a) 至少已经提出了三种方法, 最简单的大概是令

$$F(x)=\frac{1}{2}\{f(x)+f(1-x)\},$$

这时 $F(0)=F(1)$, $F(x)$ 在 $[0,1]$ 之外可以按周期性定义为连续函数. 此外, 显然可见

$$\int_0^1 f(x)\mathrm{d}x=\int_0^1 F(x)\mathrm{d}x,$$

以前的方法适用于后一积分. 推广到 s 个变数的情形当然是直截了当的. 为了克服没有周期性而提出的另一些方法, 有变数代换以及利用 Bernoulli 多项式 (除了本书以外, 亦见 [6]). 至于问题 (b), 所提出的解决办法也许不完全令人满意. 一个明显的方法是引进集 S 的特征函数: 若 $x\in S$, 令 $\chi(x)=1$. 否则令 $\chi(x)=0$.

于是，若 $S \subset G_s(G_s = s$ 维单位方体)，我们可以把前面的方法用于 $F(x) = \chi(x)f(x)$，并在 G_s 上积分. 不幸，$\chi(x)$(因而 $F(x)$) 根本不是光滑的，事实上甚至不连续，一般说来，$F(x)$ 并不属于 $f(x)$ 所在的类. 我们可以要么把 $F(x)$ 搞光滑，要么利用别的办法. 这里，迷向偏差 (见 [20]) 的概念起着重要作用，但这不加以讨论了.

华罗庚、王元的这本书对这些以及有关的问题做了非常细致的处理. 本书最引人注目的面貌，也许是大量介绍并利用代数数论的知识. 10 章中有一半以上 (第 1, 2, 3 章，第 4 章大部，第 5 章的一半以及整个第 6 章) 是专讲基本数论的.

本书首先彻底讨论了代数数域及其单位元，接着研究了某些对称函数. 其次，引进了 PV (Pisot-Vijayarahgavan) 数 (代数整数 $\alpha > 1$，如果它的所有共轭代数数满足 $\left|\alpha^{(i)}\right| < 1$，则 α 是 PV 数)，介绍了模 1 均匀分布 (但是 H. Weyl 的名字只在第 3 章末尾的一条注释中才提到)，证明了 Vinogradov 的一个有关的定理，定义了各种类型的偏差，进行了比较. 这里对 Van der Corput, Hammersley, Halton, Hlawka, Zaremba, Niederreiter 以及 W. Schmidt 的工作做了评述，同时还提到 Korobov，两位作者自己，Khintchine 以及 Bahvalov 的工作.

因为点集偏差的概念非常重要，让我们回想一下它的定义. 让 $P_n(k) = \left(x_1^{(n)}(k), \cdots, x_s^{(n)}(k)\right)$, $1 \leqslant k \leqslant n$，是 s 维单位方体 G_s 中的 n 个点，命 $\vec{\gamma} = (\gamma_1, \gamma_2, \cdots, \gamma_s)$ 表示 G_s 中任何固定的点，命 $|\vec{\gamma}| = \gamma_1\gamma_2\cdots\gamma_s$，让 $N_n(\vec{\gamma})$ 表示点集 $\{P_n(k), 1 \leqslant k \leqslant n\}$ 中满足不

等式 $0 \leqslant x_i^{(n)}(k) < \gamma_i(1 \leqslant i \leqslant s)$ 的点的个数. 于是

$$\sup_{\vec{\gamma} \in G_s} \left| \frac{1}{n} N_n(\vec{\gamma}) - |\vec{\gamma}| \right| = D(n)$$

称为点集 $\{P_n(k)\}$ 的偏差. 如果我们有整数 n_i 组成的单增序列, 那么可以对每个整数计算 $D(n_i)$. 如果 $\lim\limits_{n_i \to \infty} D(n_i) = 0$, 则集序列 $\{P_{n_i}(k)\}(i = 1, 2, \cdots)$ 称为在 G_s 中是均匀分布的.

本书接着研究了有理逼近以及丢番图方程和方程组的解的个数.

上述理论上的准备工作 (在第 4 章末尾) 用来计算几个点集的偏差, 这些点要么是 g.p., 要么是 g.l.p. 这里, 两位作者自己的贡献起着突出的作用 (利用 PV 数以及广义斐波那契数, 后者定义为 $F_j = 0, j = 0, 1, \cdots, s-2$; $F_{s-1} = 1$; $F_n = \sum\limits_{h=1}^{s} F_{n-h}, n \geqslant s$).

考虑了有关均匀分布的某些问题, 定义并研究了在 Hardy 和 Krause 意义下的有界变差函数 (按照这种行文脉络, 这些问题已由 Zaremba[22] 讨论过了).

命 $\{P_n(k), 1 \leqslant k \leqslant n\}$ 是偏差为 $D(n)$ 的任何点集. 于是, 若 $f(\vec{x})$ 是有界变差函数 (以下总是取 Hardy 和 Krause 的意义), 全变差为 $V(f)$, 这里 $f(\vec{x})$ 不必是周期函数, 则可证

$$\left| \int_{G_s} f(\vec{x}) \mathrm{d}\vec{x} - \frac{1}{n} \sum_{k=1}^{n} f(P_n(k)) \right| \leqslant V(f) D(n).$$

这个基本不等式的证明很不简单, 但有详尽的叙述.

为了推出有用的求积公式, 点 $P_n(k)$ 必须满足两个要求: (1) 这些点的偏差必须很小 (即是应该尽可能分布规则); (2) 这些点应

该容易计算.

两位作者列举了大约 15 个求积公式, 每个公式都给出了误差上界. 此外, 对于 G_s 中任何已知的 $P_n(k)$, 两位作者构造了一个函数 $f(\vec{x}) \in C^\alpha$, $\alpha = q + \lambda$ (即 $f(\vec{x})$ 具有直到 q 阶的连续导数, 而 q 阶导数不再可微, 但满足 λ 阶 Lipschitz 条件), 使得

$$\left| \int_{G_s} f(\vec{x}) \mathrm{d}\vec{x} - \frac{1}{n} \sum_{k=1}^{n} f(P_n(k)) \right| > c(q, \lambda, s) n^{-\alpha/s}.$$

这就表明, 不论点 $P_n(k)$ 选得多么好, 这些求积公式的精确度总有一个限度, 我们不可能指望使这些公式的改进超出这个限度, 至少只要我们对函数 $f(x)$ 只提出光滑性假设而不提周期性假设就是这样.

这时, 引进了周期函数, 定义范数 $\|f^\alpha\|$, 若

$$f(\vec{x}) = \sum_{\vec{m}} C(\vec{m}) \mathrm{e}^{2\pi \mathrm{i}(\vec{m}, \vec{x})}, \quad |C(\vec{m})| \leqslant C \|\vec{m}\|^{-\alpha},$$

则 $f(\vec{x})$ 称为属于类 $E_s^\alpha(C)$; 还定义了另外两个函数类 $Q_s^\alpha(C)$ 和 $H_s^\alpha(C)$. 这些类满足包含关系 $H_s^\alpha(C) \subset Q_s^\alpha(C) \subset E_s^\alpha(2^s C)$, 但这里不给出更确切的定义了. 对于这些类中的函数, 可以得到比对非周期函数更精确的求积公式. 因此, 把非周期函数化为周期函数是有意义的, 介绍了前面提到的进行这种转化的三种方法. 最后, 对于所定义的三类函数, 把 $P_n(k)$ 取作 p 点、良点或良格点, 分别介绍了周期函数的数值积分. 估计误差项的下界可以证明: 误差的上界往往具有正确的数量级, 所以一般说来 (即是对于所在类中特别坏的函数而言), 误差不可能进一步改进. 下述可能

性 (实际上是很可能成立的推测) 仍然悬而未决: 就绝大多数被积函数而言, 误差比所得到的保守的理论上界小得多.

整个一章 (第 8 章) 介绍了数值工作, 特别是, 用几种方法计算了 g.p. 和 g.l.p., 对这些点产生的误差界限进行了相互比较, 并且同具体的数值例子中的实际误差进行比较. 本书中, 广义斐波那契数特别有用. 此外, 对运算次数和计算时间也做了估计, 并且与可达到的精确度联系起来. 本书频繁引用发表在 Zaremba 编的文集 [23] 中的几篇文章, 至少有很长一段是逐字引用. 附录中解释并讨论了几个数值表. 还提出了几个猜测, 大意是说, 所得到的结果大概胜过了利用对最坏误差项的现有估计实际上所能证明的东西. 最后, 前面曾经提到过, 最后两章就以前定义的函数类讨论了插值法, 也分别讨论了微分方程和积分方程 (Fredholm 型及 Volterra 型) 的数值解.

本书的价值和用处是毫无疑义的, 就完备而系统地介绍这一重要而有趣的题材而言, 本书大概是唯一可以见到的著作.

使人感到遗憾的是, 某些本可避免的不足之处使本书不易阅读, 有时实际上是煞风景: 本书没有索引; 翻译偶尔不当 (例如见第 27 页第 3-5 行); 校读似乎不够细心, 实际上有很多印刷错误, 有些错误是读者易于改正的, 但有些则使人不知所措 (例如, 定理 1.1 中的指数 r_i 应该是 γ_i); 人名往往拼错 (第 39 页最后一行应为 Minkowski; 第 99 页第 12 行应为 Hardy; Korobov 拼错几次, 有时 (第 86 页第 9 行) 拼作 Kopobov, 这使人想到是译自俄文而不是译自中文); 有一节的标题是 "The Halton Theorem",

但这一节有好几个定理, Halton 定理不知道指哪一个; 某些术语的意义与通常的意义不同 (一个多项式方程诸根的 i 次幂之和称为初等对称函数); 符号往往不加定义, 间或容易猜出符号的意义, 例如定理 3.2 的 $\{x\}$ 表示 x 的分数部分, 但有时, 例如第 60 页上的 $\langle x\rangle$, 读者可能首先想到定理 1.5 中定义的那个类似的符号, 那里的意思是指 x 所产生的群, 这个猜测当然不对, 侥幸知道 Kuipers 和 Niederreiter 的书 [14] 的读者, 才会想到这个符号表示 x 到最近整数的距离; 155 页第 6 行提到的定理 7.4 应该是定理 7.14, 等等. 可以添加一些例子. 有的读者可能希望在阅读华罗庚、王元著作之前, 或在阅读的同时补充研究 [23] 中收入的 S. Haber, S.K. Zaremba, D. Maisonneuve 以及 H. Niederreiter 等人的文章, 这些文章在本书中全都引用了. Kuipers 和 Niederreiter 的著作 [14] 虽然只是讨论均匀分布问题, 但该书的知识也可能有助于本书的阅读.

上述表面上的缺点在新版中是易于消除的, 即便有这些不足, 但华罗庚、王元的著作对于数值积分以及微分方程和积分方程的求解, 仍然是最有价值的贡献. 本书包含了许多属于两位作者自己的材料, 在很多情况下, 所提出的方法都产生最精确的结果, 而计算量最小, 附录中的几个表本身就很有价值.

最后, 就抽象的纯数论的实际用处而言, 这本书本身就是一个光彩夺目的例证.

参考文献从略.

(见 Grosswald E L. *K. Hua and Y. Wang, Applications of*

Number Theory to Numerical Analysis, Springer-Verlag and Science Press, 1981. Bull. Amer. Math. Soc., 1983: 489-496. 江嘉禾译, 卞冀校)

本书书评中提到的缺点是确实存在的. 这是由于我国长期封闭, 缺乏交流, 我们对于现代代数数论所用的术语与记号, 缺乏了解. 另一原因是该书是我按华罗庚的想法执笔写的, 出书太匆忙, 未做仔细推敲, 以后又没有时间重新修改再版.

6.7 缘　　由

我进入 "近似分析中的数论方法" 或 "伪蒙特卡罗方法" 这一领域是非常幸运的. 除需要紧密注意我们提供的算法可构造性与可操作性外, 也要关注理论误差的估计, 这项工作与我们过去的解析数论工作属于同类型的工作. 它涉及很多我不熟悉的数论领域, 如代数数论与丢番图分析, 还需要概率论与微分方程方面的知识, 我阅读了多遍格涅坚科的《概率论教程》及吴新谋的《偏微分方程教程》. 这推动了我对众多数学领域的学习, 边学边干.

我们很幸运地在刚进入这个领域时, 就得到了一个臻于至善的二维求积公式 (见 (6.6)), 并有了一个推广至高维求积公式的途径与框架, 可供我们长期钻研来将它严格与完整地做出来. 对我来说, 这确实是一个极强的推动力.

我对伪蒙特卡罗方法产生了浓厚的兴趣, 其原因之一是, 在纯粹数学方面, 我始终没有见到可以系统工作的方向. 因此, 伪蒙特卡罗方法就成了我唯一可能的及最佳选择的研究方向了. 无论政治气候怎么样, 极左时期还是改革开放后, 我都没有动摇过要离开这个方向.

华罗庚在传记提纲上写着 “被王元拉上了一条路” 表示了对我提出搞这个方向的认可. 关于分圆域方法与 PV 数方法的原始思想与框架是属于华罗庚的, 而由我们共同发展完成的.

1965 年, 华罗庚的兴趣转向了直接为国民经济服务方面的工作. 他要在中国的工业部门普及 “统筹法”(CPM 与 PERT) 及 “优选法”(OSM), 即所谓 “双法”. 我们的合作告一段落. 往后, 我继续完成了这项工作, 并总结成书, 直到 1980 年才全部结束.

早在 1963 年, 何祚庥就对华罗庚与王元的小册子《积分的近似计算》写了一个书评, 大力加以推荐. 冯康为这本小册子的修订本写过评审意见, 并要王元为《中国大百科全书》(数学卷) 写一个关于 “数值积分的数论方法” 的条目, 吴文达也表示过对我们工作的认可. 这都是对我们的鼓励与支持.

在 “文化大革命” 中, 我们完全不了解我们的工作在国际上有何反应. 直到 1972 年, 华罗庚参加了由廖承志率领的一个代表团访问了日本. 日本数学家告诉他, “华–王方法” 很成功, 并送他一本札伦巴主编的书, 其中有哈勃论述分圆域方法的文章, 并首次以 “华–王方法” 来命名这个方法. 哈勃在 UNIVAC1108 上进行了计算. 他指出: 用卡罗波夫方法算出一组 n, $\vec{a}(n)$, 需 Asn^2 秒, 此处 $A \approx 10^{-5}$. 用这一方法, n 的阶就需 10^5 或更多, 从而计算又变得很冗长. 用 "华–王方法" 算出一组点集仅需 As^3 秒, 此处 $A \approx 10^{-3}$. 计算至少可达 $s = 100$, 而 n 可以不加限制. 同时, 哈勃亦指出, 用 "华–王方法" 得到的点列对应的积分公式的误差比卡罗波夫方法的结果要差些. 华罗庚打了一个电话给王元: "你来我家一下, 我告诉你一个消息." 他给我看了哈勃的文章. 我们分享了成果得到认可的喜悦. 更使我喜悦万分的是, 由于 "文化大革命" 初期, 一次 "批判" 华罗庚的会议上, 我作过错误的发言, 从此我们又和好如初了.

华罗庚曾于 1954 年与 1958 年两次收到国际数学家大会的邀请报告, 那是由于他当时关于多复变函数论的工作. 他完全不当一回事, 没有对我提起过. 1974 年, 他收到第三次邀请, 要他到温哥华召开的数学家大会上作数值积分的报告, 他很愿意去, 他要我替他写一个报告稿. 我理解他并不在乎去作报告, 而是在 "文化大革命" 的环境下可以轻松几天, 可惜未成行.

《在中华人民共和国普及数学方法的一些个人体会》

第7章 重回数学

访:

1966 年 5 月“五一六通知”和 8 月八届十一中全会, 标志着“文化大革命”的爆发, 到 1976 年 10 月 6 日, “四人帮”被抓起来, 一共十年时间. 这次运动对于国家来讲无疑是一场“浩劫”, 人文环境恶劣, 国家法治无存, 这期间全国科研机构、大学业务全部停顿, 进入学术研究上的荒漠期.

中国科学院的情况要好一点. 1972 年, 在周总理的干预下, 提出“加强基础科学和理论研究工作”, 部分学术研究开始解冻, 个别学者开始认真投入研究工作. 您能谈谈如何重新开始数学研究工作的过程和思考吗?

7.1 选择新的研究领域

1971 年夏, 我从“五七干校”被调回数学所工作. 9 月份, “林彪事件”发生后, 从此数学所的研究工作慢慢地恢复了起来. “文化大革命”中奉命停刊的《中国科学》与《数学学报》也逐渐复刊了.

我首先用半个月的时间将这些年的美国《数学评论》中的数论部分仔细阅读了一遍, 又将国外新出版的数论书浏览了一下, 得知这些年丢番图分析与超越数论方面的成就很突出, 特别是施密特、贝克尔与斯捷潘诺夫等人的成就很大. 解析数论方面, 罗斯关于大筛法的改进, 及庞比尼关于算术数列中素数分布的中值公式的证明都是很杰出的工作. 我过去关于解析数论的工作也在一些书与文章中被提到, 这使我颇感欣慰.

另一方面, 我认为华罗庚与我合作的数值积分方面的工作, 在所谓 "华–王方法" 理论证明完成后, 已无很多问题可做, 剩下的事情就是写文章与写书了, 所以我又面临着必须另择方向进行探索. 至此, 华罗庚与我关于近似分析中的数论方法的合作研究就告一段落了.

我读了施密特与贝克尔关于丢番图分析与超越数论方面的很多论文后, 认为应该将一些年轻数论学家带上这条路. 我组织了一个小讨论班, 除我之外, 有科大数论专门化的学生于坤瑞、朱尧辰与王连祥, 还有微分方程专门化的学生徐广善, 他志愿转入数论组工作. 我将我念过的这些文章交给他们去重念, 然后由他们轮流作报告, 就像 "哥德巴赫猜想" 讨论班一样地进行, 以训练他们. 他们在这个讨论班中受到了较好的训练. 以后, 他们去了英国、澳大利亚与德国进修. 他们都选择超越数论为研究领域.

读了贝克尔关于超越数论的一些文章后, 我没有什么想法,更看不到可以长期工作的课题, 所以我决定不涉足超越数论这一领域.

1978 年夏, 施密特访问了北京, 他讲了他关于丢番图方程与不等式的新近工作, 其中用到了圆法与韦尔和的估计. 这些方面正好是我所熟悉的, 从而引起了我对他工作的关注.

1979 年, 我独自到法国与联邦德国访问后, 转到英国达尔姆参加国际解析数论会议, 会上又听施密特讲了一遍他的工作, 加深了我的印象.

1988 年施密特与王元在香港

1980 年, 我作为 "中国数学家代表团" 成员访美. 代表团的工作结束后, 应施密特之邀, 我访问了位于波尔多的科罗拉多大学两周, 并应邀住在施密特家里. 我逐渐形成了这样的想法, 即将施密特的方法与西革尔关于代数数域的圆法结合起来, 从而将施密特的结果推广至代数数域上去. 这就是说, 在 50 年代初, 华罗庚提出的将解析数论的结果推广到代数数域上去的构想, 现在可以尝试加以实现了.

在 50 年代初, 我就念过依・维诺格拉朵夫与华罗庚关于华林问题的著作. 由于研究伪蒙特卡罗方法, 我又对经典代数数论与丢番图分析下过一番工夫, 这些是我的"优势". 我只要仔细阅读一下西革尔关于代数数域上华林问题的文章及施密特关于型的最小解估计的文章, 就可以着手将施密特的结果向代数数域推广了. 对我来说, 这项工作的框架是很清楚的.

1980 年冬, 我从美国回到了北京. 我立即开始了这方面的工作. 我首先阅读了西革尔关于代数数域上华林问题的两篇开创性文章 (1944, 1945), 及塔吐沙娃关于代数数域上华林问题的两篇文章 (1958, 1973). 我了解了代数数域上的圆法. 我又读了施密特发表于 1979 年关于加型方程最小解估计的两篇文章, 并逐步展开工作.

7.2 推广施密特的结果

所谓加型方程, 即

$$a_1x_1^k + \cdots + a_sx_s^k = 0, \tag{7.1}$$

此处 $a_1, \cdots, a_s$ 为有理整数, 但并非所有的 a_i 都同号. 由圆法可知, 当 $s > c(k)$ 时, 方程 (7.1) 有一个非寻常非负有理整数解 $x_1, \cdots, x_s$, 其中 $c(k)$ 表示一个仅依赖于 k 的正常数, 在不同地方出现时, 表示不同的数值.

关于方程 (7.1), 我们还可以考虑它的最小解范围, 即求出仅依赖于系数 $a_i's$ 的一个最小非寻常解的上界估计. 1971 年, 皮特曼证明了: 若 $s \geqslant c(k)$, 则 (7.1) 有一个非寻常非负整数解满足

$$\max_i x_i \ll \max(1, |a_1|, \cdots, |a_s|)^{c(k)},$$

这里的 $c(k)$ 都是可以具体算出来的.

首先对于一个特殊的加型方程:

$$a_1x_1^k + \cdots + a_sx_s^k = b_1y_1^k + \cdots + b_sy_s^k, \tag{7.2}$$

此处 $a_i's$ 与 $b_j's$ 都是正整数. 施密特证明了：给予任何 $\varepsilon > 0$, 则当 $s \geqslant c(k, \varepsilon)$ 时, (7.2) 有一个非寻常非负整数解适合

$$\max_{i,j}(x_i, y_j) \leqslant \max_{i,j}(a_i, b_j)^{\frac{1}{k}+\varepsilon}. \tag{7.3}$$

(7.3) 右端的 $\dfrac{1}{k}$ 是臻于至善的. 这不难由下面的例子得知: 取 $a_1 = \cdots = a_s = a$ 及 $b_1 = \cdots = b_s = b$, 其中 $(a, b) = 1$, 所以

$$\max_{i,j}(x_i, y_j) \leqslant \max(a, b)^{\frac{1}{k}}.$$

我了解到施密特在证明 (7.3) 时用到了圆法, 但对“劣弧”的处理与华林问题是完全不同的. 简单地说, 用圆法处理华林问题时, 在劣弧上直接用韦尔和估计, 而施密特证明了：若

$$|L(\xi)| = \left|\sum_{P<x<P+T} e(x^k\xi)\right| \geqslant C,$$

则存在有理整数 a, b, 使

$$\|a\xi - b\| \ll \left(\frac{T}{C}\right)^{2^{k-1}} T^{-k+\varepsilon}, \quad 0 < |a| < \left(\frac{T}{C}\right)^{2^{k-1}} T^{\varepsilon}, \tag{7.4}$$

此处 $\|x\|$ 表示 x 与其最近整数之距离.

(7.4) 表示当韦尔和较大时, ξ 就有一个很好的有理逼近, 否则韦尔和就比较小 (小于 C).

施密特的文章写得非常清楚易懂. 我将他的方法与西革尔圆法结合起来, 即将 (7.3) 推广至代数数域.

施密特的第二篇文章证明了: 给予 $\varepsilon > 0$ 及一组有理整数 $a_i (1 \leqslant i \leqslant s)$, 则当 $s \geqslant c(k, \varepsilon)$ 时, 加型方程

$$c_1 a_1 x_1^k + \cdots + c_s a_s x_s^k = 0 \tag{7.5}$$

有一组解, 其中 $c_i = +1$ 或 -1 及 $x_i (1 \leqslant i \leqslant s)$ 为非全为零的非负有理整数满足

$$\max_i x_i \ll \max(1, |a_1|, \cdots, |a_s|)^{\varepsilon}.$$

我将这个结果推广至代数数域.

假定 $k = 2h$, 若 $c_i = +1 (1 \leqslant i \leqslant s)$, 则当 $a_i = 1 (1 \leqslant i \leqslant s)$ 时, 方程 (7.5) 无非寻常非负整解. 以后我领悟到当 $k = 2h$ 时, 方程 (7.5) 的求解问题即等价于方程

$$a_1 x_1^k + \cdots + a_s x_s^k = 0 \tag{7.6}$$

在 $x_i \in Z_+ \oplus \mathrm{e}^{\pi \mathrm{i}/k} Z_+$ 中的求解.

我将这两个结果推广至代数数域时, 在我的结果的证明过程中, 有一处过不了关. 承蒙冯克勤告诉我胡维茨引理, 这样证明就完整了.

1985 年至 1986 年, 我应普林斯顿高等研究院之邀去访问了一学年. 我将父亲接来与我同住. 我租了研究院宿舍的一个单元房, 具有两房一厅. 父亲与我各住一间房, 每天由我做饭.

这一年是超越数论与丢番图逼近的特殊年. 施密特被邀请为卓越教授. 我带去了上面讲到的关于加型方程的手稿, 请他审阅. 他很友好地审阅了. 我将这两篇文章投交《算术学报》(*Acta Arith.*), 均发表于 1987 年.

施密特建议我考虑丢番图不等式问题. 我读了他的文章. 他证明了：命 $F_i(\vec{x}) = F_i(x_1, \cdots, x_s)(1 \leqslant i \leqslant h)$ 为实系数型, 其次数均为奇数且 $\leqslant k$. 给予任意大的一个正数 E, 皆存在一个常数 $c = c(k, h, E)$ 具有下列性质：

若 $T \geqslant 1$ 及 $s \geqslant c$, 则存在一个非零整点 $\vec{x} \in Z^s$ 使

$$|\vec{x}| \leqslant T$$

及

$$|F_j(\vec{x})| \ll T^{-E} |F_j|, \quad 1 \leqslant j \leqslant h,$$

此处 $|\vec{x}| = \max_i |x_i|$ 及 $|F|$ 表示 F 的系数之最大绝对值, 而与 $\ll$ 有关的常数不依赖于 T 及 $F_j's$.

若所有型 F_j 的系数都是有理整数, 则由此推出：

给予任意的正数 ε, 皆存在一个常数 $c = c(k, h, \varepsilon)$ 具有下述性质：若 $s \geqslant c$, 则存在非零整数 $\vec{x} \in Z^s$ 满足

$$|\vec{x}| \ll F^{\varepsilon}$$

及

$$F_j(\vec{x}) = 0, \quad 1 \leqslant j \leqslant h,$$

此处 $F = \max(1, |F_1|, \cdots, |F_h|)$.

施密特建议我将上述结果推广至代数数域. 他提醒我, 对于全虚代数数域, 型的次数为奇数这个限制可能取消. 他的预见是对的 (对于单个加型方程, 易知他的想法是对的). 在普林斯顿高等研究院期间, 我做完了这项研究, 并写成论文投交《数论杂志》(*J. Number Theory*).

7.3 《代数数域上的丢番图方程与不等式》书评

回北京后, 我即着手将这方面的研究整理成书投交施普林格出版社. 经七位审查者审阅, 都认为可以出版. 但我仍觉得写得不好, 于是推倒重写, 于 1991 年在施普林格出版社出版.

1992 年,《伦敦数学会公报》(BLMS) 的 "书评" 栏目发表了这本书的一篇评论如下:

假定我有一个数学对象的集合, 而我想查点它们. 我试图按下面的办法把这个集合分成两个子集合: 一个子集合可以用相当直接的办法来计算 (渐近地), 另一个集合则可以用某种均值手续来证明它只含有较小部分.

这是非常强有力的著名圆法的背景原则. 圆法是 1920 年左右被引入堆垒数论的. 圆法肇始于哈代与拉马努金在 1918 年提

出的想法. 随后, 由哈代与李特尔伍德加以发展的. 作为它产生之成果的一个例子, 我们考虑方程:

$$N = x_1^k + \cdots + x_s^k, \tag{1}$$

此处 $k \geqslant 2$ 及 N, s 与诸 x_i 皆为非负整数. 1909 年, 希尔伯特证明了华林猜想: 对于每一个正整数 k, 皆存在一个整数 $s = s(k)$, 使每一个正整数 N 都可以表为形式 (1). 命 $r_s(N)$ 为这种表示的个数. 关于 $r_s(N)$, 圆法得出了一个下面类型 (2) 的渐近公式. 这是将 $r_s(N)$ 转化为一个单位圆周上的积分而得到的. 单位圆周按早先讲过的原则被天才地分为两个子集合, 于是得到下面的公式: 假定 $s > f(k)$, 其中 $f(k)$ 为某适当的函数, 则

$$r_s(N) = \Gamma\left(1 + \frac{1}{k}\right)^s \Gamma(\frac{s}{k})^{-1} \mathfrak{S}(N) N^{\frac{s}{k}-1}(1 + o(1)), \quad N \to \infty, \tag{2}$$

此处表达式 $o(1)$ 为一个函数, 当 $N \to \infty$ 时, 它趋于 0; 表示式 $\mathfrak{S}(N)$ 为一个 N, s 与 k 的函数, 它有一个独立于 N 的正下界. $\mathfrak{S}(N)$ 称为奇异级数, 它有一个非常奇妙的性质: 奇异级数适合欧拉乘积公式, 我将在书评之末来评述这件事.

多年来, 圆法屡屡被推广与改进, 它的各种形式被用于堆垒数论的许多问题. 关于它有趣的进展与概述, 我们推荐沃恩的近作 (*The Hardy-Littlewood Method*, Cambridge University Press, 1980). 使我吃惊的是西革尔早在 20 年代就试图将圆法加以推广去处理方程的代数整数解, 而至 1945 年才获得成功.

在评的这本书关于西革尔方法及其在华林问题与其他加型方程的应用是一个高度精美的总结. 同时作者亦处理了他关于

代数数域上多变数型的丢番图不等式的结果. 这些基本不等式最早是施密特用圆法的变体关于有理数域 Q 来证明的. 作者正确地指出, 用西革尔方法将仅在有理数域上获得的结果推广至代数数域需做很多工作.

在研究代数数域上的加型方程 (如华林问题) 时, 需知道存在一个技术的障碍. 考虑二次域 $(\sqrt{d})$, 此处 $d \equiv 2$ 或 $3 \pmod 4$. 这个域的整数有形式 $a + b\sqrt{d}$, $a, b \in Z$. 这些整数的平方的第二个系数为偶数. 因此第二个系数为奇数的整数不能是平方和. 这是研究平方和华林问题本质的仅有障碍. 一般而言, 这是易于克服的. 给予 k, 代数整数环需换成整数的 k 次幂生成之环. 这是研究诸如 (2) 那样的渐近公式之正确范围.

本书的第一章阐明了圆法在 Q 上华林问题之应用. 除依 · 维诺格拉朵夫的精密化结果外, 处理方法是非常基本与清楚的. 这是作者的一个好决定. 这一章有双重目的: 第一, 确保了读者的自信心; 第二, 证明的结构是那样清楚, 使进行推广与改进变得很容易.

这个方法的基本应用需用到韦尔与华罗庚关于指数和与积分的估计. 在接着的三章中, 这些结果被非常彻底地推广至代数数域. 往后的两章, 圆法的推广被一般地建立了起来. 然后将这一方法逐步深入地用于华林问题、一般加型方程、加型方程的最小解理论, 及最后, 用于型的丢番图不等式的令人激动之收尾. 事实上, 最后两章是作者关于施密特结果的推广之最新成果.

后面几章包含了一些需要相当技巧之结果. 因此在不到 170

页篇幅中，在技术层面上，我们被引导着从基本原则到最新结果. 这个目的并无痛苦地达到了. 在很大程度上，这是由于作者精心地规划与非常清楚的阐述. 对于建立这个一般的框架，作者的耐心将受到称赞. 这本书有一个合理的进度，我相信它可能成为广义圆法的应用之标准教程. 它的定价为 98 马克，看来是好的——其中至少有一件事，我们应该感谢肖文杰 (P. Shiu) 博士，他用施普林格出版社的软件包 (TEX macro package) 排版了这本书.

我们看到在圆法的早期应用中 (如用于华林问题)，$s > f(k)$ 这样一类条件是不可避免的. 这是一个很重要的问题，即决定 $f(k)$ 的下界使公式 (2) 成立. 从而可以获得希尔伯特定理一个能行性证明. 在沃恩的书出版后，对于有理的情形，这个问题已经有了相当的进展. 看来这个领域将会兴旺，所以将会有相当的空间出版一些高级教程.

现在回到我关于奇异级数的注记. (2) 中伽马因子是由熟知的奇异积分之明确计算中得来的. 在所有的处理中，我已看到 (公认的，不是很多) 奇异级数与奇异积分被当成相当不同的对象来处理. 将它与代数及几何数论来做比较，在那里通常去研究所谓 L-函数的复函数，它有欧拉乘积展开. 这些常常用乘以革马因子来正规化. 最初，这些正规化的选择是由于如何使"你得到的函数方程来用". 在 1950 年的博士论文中，泰特改变了领域的整个观点，即处理伽马因子本身为"无穷远点的局部因子". 依此途径，启发到局部算术在所有有限与无限的素数是基本上相同的.

是否可以将泰特的想法用于圆法? 换言之, 是否可以将奇异级数与奇异积分同理处理为认知它们为适当的解析空间上之局部测度所引起? 在本书的第七章, 对于一般情况, 王教授计算了这些对象, 这两者都有非常有趣的形式.

(见 Everest G. R. *Book review: Wang Yuan, Diophantine Equations and Inequalities in Algebraic Number Fields. Bulletin of the London Mathematical Society*, 1992, 24(4): 83-94. 王元译)

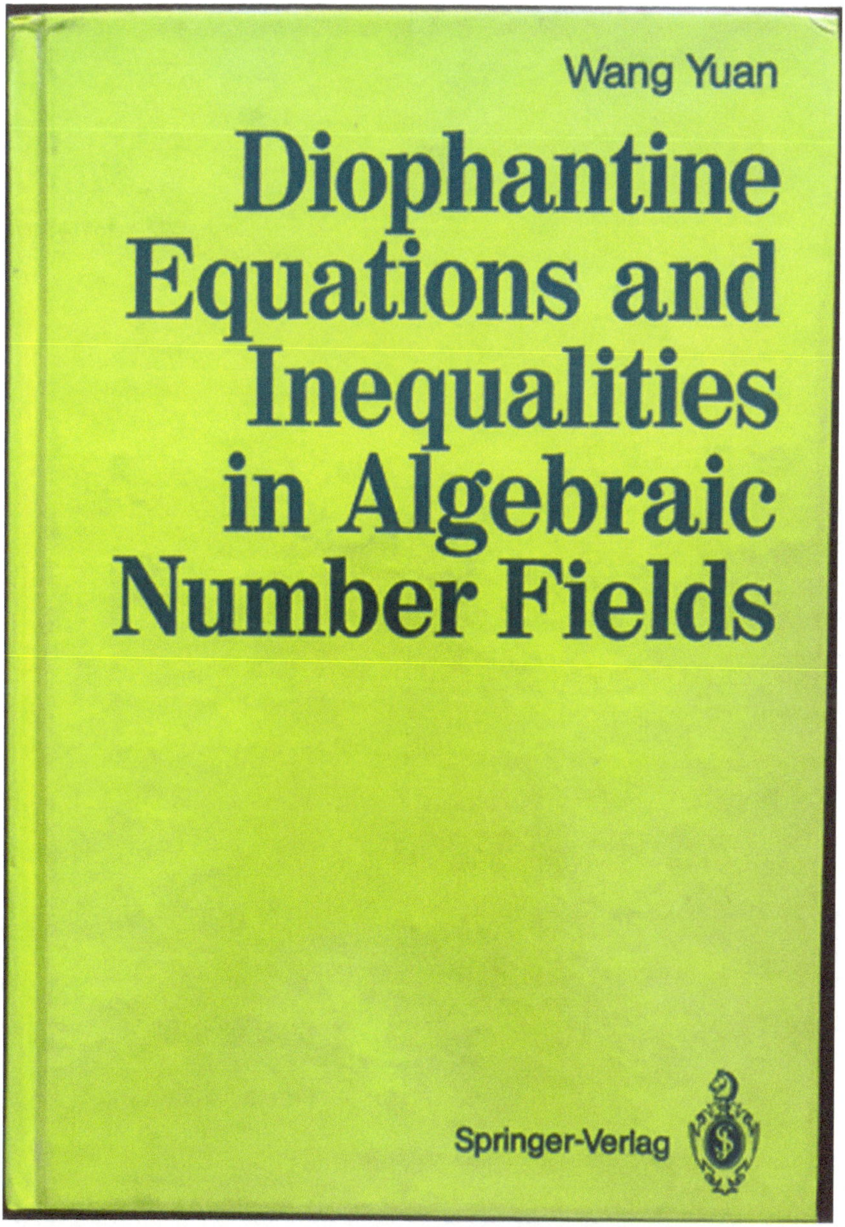

《代数数域中的丢番图方程与不等式》

第8章 涉足数理统计

访：

您和方开泰教授合作的“均匀试验设计的理论、方法及其应用”获得了 2008 年度国家自然科学奖二等奖，当年度的一等奖空缺. 中国科学院对这个获奖项目的成果简介里有这样一段话：“该项目揭示了古典的因子设计、近代的最优设计、超饱和设计、组合设计及均匀设计内在的深刻的联系. 该项研究工作跨越了数论、函数论、优化理论、试验设计、随机优化、计算复杂性等许多不同领域，是多学科相互交叉和渗透的典范，开辟了一个新的研究领域. 该项目已发表论文 80 余篇，出版英文专著 2 部. 所列的 40 篇论文、专著，在 SCI 文献库中他引 622 次，在中国引文数据库中他引 1512 次，均匀设计已被国际多个百科全书和统计手册收录，且已软件化 ……”

我们很想知道您和方开泰教授是如何开始合作研究的？您认为这项合作成功的原因是什么？

8.1 缘　起

1975 年, 方开泰曾问过我一个生产实际中出现的五重积分之数值计算问题. 我向他介绍了数值积分之数论方法, 使用效果不错, 这就使他对数论方法有了好印象.

方开泰原来的专业不是数理统计, 他是搞运筹的. 他很有热情到工业部门中去搞实际问题. 因为他常常遇到统计问题, 这样就走上了数理统计之路. 而且对统计的掌握很灵活, 即他能够在遇到实际问题时, 总会有如何用统计方法来处理的直觉与想法.

1978 年, 方开泰在研究某导弹指挥仪问题, 简单地说, 即如何根据已测得的数据, 模拟出飞行物的飞行轨迹, 使导弹能击中目标. 由于计算量太大, 以往的计算与实验方法用之无效. 这就使他又想到了数论方法, 他来找我商量.

以这个问题为背景, 我们研究了下面的试验设计问题:

在一项实验中, 假定有 s 个因素及每个因素各有 $q(>1)$ 个水平. 问如何安排试验?

如果所有可能的实验都做, 则共有 q^s 种因素的水平组合. 这太多了. 通常用的 “正交设计” 是从这些试验中选出 rq^2 个试验来做, 其中 r 为一个正整数. 但当 q 充分大, 例如当 $q>10$ 时, 试验次数仍嫌太多.

我们将 s 维单位立方体 U_s 的每一边等分为 q 份, 则每个试

验就对应于 U_s 中以 $\frac{1}{q}$ 为边长的某小立方体的一个顶点. 如果以 "均匀性" 作为选择试验点的标准, 则在过去研究高维数值积分的数论方法时, 已知选取 q 个点就可以使其偏差达到 $O(q^{-1+\varepsilon})$ $(\varepsilon>0)$. 这表示从 q^s 个点中选取 $O(q)$ 个点即可.

首先, 过去研究维数 $s\geqslant 2$ 的高维数值积分时, 所需用的点数相对比较多, 我们有一些这样的 "大样本", 这里恰好需要 "小样本", 即 q 较小. 因此, 我们需要设法将已有的数论方法移植过来处理 "小样本" 问题. 我决定将 "佳格点法" 移植过来, 据此, 我与方开泰一起编制了一些 "小样本" 表格, 可供安排试验使用. 他还指出试验结果可以用回归分析或逐步回归来进行数据分析. 我们将这个试验设计方法命名为 "均匀设计", 用于上述 "指挥仪" 问题, 据说效果很好.

其次, 我们需研究配方试验设计 (或称为混料试验设计) 问题. 例如, 若有 s 个因素 $x_1,x_2,\cdots,x_s$, 其中每个因素的取值范围为 $a_i<x_i<b_i$, 此处 a_i,b_i 为适合 $0<a_i<b_i<1(1\leqslant i\leqslant s)$ 之常数, 及

$$x_1+\cdots+x_s=1, \tag{8.1}$$

这里 x_i 可以是某药品在一个化学合成中的百分比. (8.1) 则表示各百分比之和为 100%, 而 $a_i<x_i<b_i$ 则表示 x_i 不能少于 a_i 及多于 b_i.

这种问题是常见的. 我曾去过燕山石化公司调查, 那里的技术人员就问过我这个问题.

在华罗庚与我的书《数论在近似分析中的应用》中并未涉及

过这类问题, 书里所有的研究都是在 s 维单位立方体 U_s 上寻求均匀散布的点列. 书里也介绍过几种函数周期化的方法, 等价地, 将积分区域化为 U_s. 在这里约束条件 (8.1) 定义的试验区域是 s 维 U_s 的一个低维流形 ($s-1$ 维流形). 如何在它上面定义点列的 "均匀性" 及如何找出它上面的 "均匀散布" 点列?

这两个问题应该是华罗庚与我搞的《数论在近似分析中的应用》中应该考虑的问题, 但如果我不涉足数理统计, 我是不可能想到这两个问题的.

关于第二个问题, 幸好统计学中需要研究的区域都很具体, 不需要抽象地来处理. 例如, 怎样寻求球内

$$x_1^2+\cdots+x_s^2\leqslant 1$$

及球面

$$x_1^2+\cdots+x_s^2=1$$

上均匀散布的点列? 这都对应着统计中的问题.

这种数学问题不像我以前搞的纯粹数学问题那么难, 往往经过一段努力, 我们就解决了如何在这些区域中定义点列的均匀性, 及如何寻找均匀散布点列的问题. 我们在这方面发表了几篇文章.

这些文章发表后, 立即在国内引起了重视. 一些单位将过去用 "正交设计" 或其他方法做过的试验用 "均匀设计" 重做一遍, 结果并不差, 但所需试验次数却少了许多. 在一些行业, 例如制药业, 他们将均匀设计推广开了, 并编制了 "应用软件". 军工部

门,特别是航天部门也有许多应用,但由于他们的工作需保密,我们不知道他们得到的结果.方开泰指出所谓正交设计的优点其实并不在于“正交性”,而是“均匀性”.均匀设计正是抓住均匀性这个关键而设计的,自然会棋胜一筹的.

8.2 《统计中的数论方法》书评

方开泰与我决定写一本书来系统阐述一下均匀设计的理论、方法与应用,该书名为《统计中的数论方法》.除在国内发表外,我们还将它译成英文投稿给国外三个出版社,都先后给予我们同意出版的答复.英国的卡帕曼–霍尔出版社首先回复我们,这本书的英文版就由他们在 1994 年出版.从而均匀设计法在国际上也逐渐受到了重视与应用.下面列举一个书评:

熟知的 Monte Carlo 方法的收敛速度是很慢的.如果我们用确定的方法,“均匀”地布点,则收敛速度可以大幅度地提高.本专著给出了寻找一个在 s 维单位立方体上均匀散布确定性点集的方法,并阐述了如何在众多的统计问题上用这些点来替代 Monte Carlo 方法.这一方法的应用包含多重积分的近似计算、最优化问题、非线性模型的选取、最大似然估计、试验设计、多元分布代表点的计算、稳健推断、正态性与球性检验及投影追踪.

尽管当我只看了书名而未看它的内容时,我就已经喜欢这本书了.这是第一部试图将许多年来有价值的研究用书的形式固定下来, 毫不奇怪, 本书留下了一些不够严谨、有待于进一步研究的结果.

度量一个点集的均匀度有许多途径, 作者在第一章里提到了其中的几种, 特别将表示点集的经验分布与均匀分布的距离 (他们称为偏差) 的 Kolmogorov-Smirnov(K-S) 统计量提了出来使用. 当 $s \geqslant 2$ 时, 要找到一个有最小偏差的点集是非常困难的. 诚如书名所示, 数论方法可以帮助我们找到偏差渐近小的点集. 按照 K-S 均匀性测度, Monte Carlo 点集并非均匀散布的. 第一个使我感到惊奇的是, 当我读到当 $s \geqslant 2$ 时, 等距离格子点集, 即 R^s 中单位立体里按坐标等分的点集不是均匀散布的. 按照他们均匀性的测度, 等分格子点集将是"合格"的, 为什么要取"极小极大"逼近来最小化 K-S 距离及为什么要取 $O(n^{-\frac{1}{2}})$ 作为距离递减的最低速率? 本书并未对这两个问题做出应有的回答.

这就引起了我对于材料的主要关注之处: 作者仅当计算多重积分的收敛速度及寻求函数的极大值时才运用了这个定义均匀散布点集的渐近准则. 当处理只需要小数目的集合时, 我就未能见到用那些难于计算的点. 在书中 (见 §4.7), 作者潦草地写了这个问题的表面, 而且在一些特例中, 他们坚持用他们的数论网格点以取代用简单与直观的决定性格子点集的可能性.

我特别注意到第五章中关于试验设计 (无限制模型) 自然处理的方法. 当统计设计一个试验时, 似乎是以选取均匀散布在试验区域上的试验条件为目标来构成方法的框架 —— 情况并非如此. 然后在一个很不幸的例 5.2 中, 他们试图通过下面的步骤来完成他们的工作：试验的回报需考虑 6 个不同的变数，而每个变数又必须考虑 17(!) 个不同的非等分的水平. 对于这个问题来说，共有 17^6 个因素的水平组合. 我们即使运用正交试验设计来处理这个问题，所需的 17^2 次试验亦嫌太多了. 他们竟宣布用 R^6 中的一个 17 个点的数论网格来处理这个问题. 他们忽略了水平不是等分布这样一个事实，从而他们想象中的网格在任何合理的测度之下都远非是均匀散布的. 能够直观地感觉到的是他们忘记了每个因素有 17 个水平及需要从一个 2 或 3 水平的试验开始. 当考虑到有许多因素及多于 2 水平的小试验的时候，我宁愿坚持用等距离分布格点的子集，然后再用他们的均匀设计.

在计算多重积分及处理序贯最优化问题时，关于收敛速度问题，我们能够见到用数论方法与用 Monte Carlo 方法是有很大差异的. 当 $s=1$ 时，具有最小偏差的集合为 [0,1] 上的等距离分布. 这就是说，对 R 上的积分问题来说，他们的技巧非常接近于古典方法. 关于他们给出的高维 ($s \geqslant 2$) 积分的例子，我愿意看到数论方法是怎样与高斯求积公式的重叠求积公式相比较的结果. 我同样感到应该有 Diaconis(1988) 与 O'Hagan 关于贝叶斯数值分布的文献. 另一方面，我很高兴地读到，在他们的方法中，做样品及其他离差约化是何等的重要，及他们指出了将 Monte Carlo 方法与数论网格相混合的可能性.

本书是自给自足的. 它只需要假定读者具备微积分及研究生的初级统计课程的基本知识. 除了基本的结果之外，本书中还充满了许多随意附带性的信息，这将有助于将他们的技巧拓广到

s 维单位立方体以外的许多紧致区域中去, 并且包括了如何将他们的方法序贯地加以使用的建议, 从而导致这些最优化问题中收敛速度进一步得到提高. 本书中还充满了许多多元分布的结果及当处理随机变数的特殊变换时的一些有用的结果. 每一章都附有习题, 作为主要理论定理的补充. 但在正文中, 未见到真正的数据集合.

我们感到遗憾的是在正文中有些令人心烦的事: 位于轴上的点未做出任何的标记, 两个完全不相干的东西用了相同的记号, 不完整的表格, 语句中缺少了动词, 排版上的错误, 语法的错误及错误定理与方程的征引. 喜欢科学严谨的人, 将会对于不停地随意陈述及缺乏正规的条件而感到不满意的. 在叙述统计模型的时候, 未能将它们的误差结构指出来, 例如 (第 124 页), 他们甚至发生了 $E(\log y) = \log E(y)$ 这样的错误.

尽管有着上述的缺点, 我仍然认为这是一本有高度思想挑战性的书. 当我们谈到用非寻常的途径来生成决定性的均匀分布网格的时候, 读者的心里应该想到要生成 Monte Carlo 方法所需要的均匀随机数也绝不是容易的事情. 主要不同的地方在于生成随机数的程序存放在我们的工具箱中已经有了相当长的一段时间了. 在数论方法成为我们日常生活中一个真正的替代方法之前, 均匀散布决定性点集的生成器将进入科学的活字典而获得应用. 尽管有上述的不足之处, 我仍然乐意于推荐这个新的材料, 并且认为《统计中的数论方法》应该归入有价值的统计文库之中.

(见 Josep Ginebra. *K.T. Fang and Y. Wang, Number-theoretic*

Methods in Statistics, Chapman and Hall, 1994. J. of Amer. Sta. Asso., Sept.,1995, 1134. 王元译.)

这本书的缺点诚如评论者所指出的. 我们的工作不够细致, 出版亦过于匆忙.

8.3 影　　响

随着均匀设计应用的范围扩大, 除计算高维积分与试验设计之外, 也可以用于最优化问题、非线性模型的选取、最大似然估计、稳健推断及投影追踪等. 报纸上常报导, 这就引起了领导的关注.

钱学森在看了《均匀设计》及《均匀设计应用举例论文选》等材料后, 曾写信给朱光亚, 如下:

朱主任:

此件您一定已有, 我是多了 1 份, 并认为很重要, 应推广, 故奉上. 中国均匀设计协会也应支持.

请酌.

钱学森

1993.11.8

又于 1993 年 11 月 30 日写信给我, 加以鼓励与支持.

王元同志:

我近日来在报刊上多次读到您和方开泰研究员创立的"均匀设计"法的报道, 得知其在实际应用中的重大意义, 心中十分高兴！我写信向您和方开泰同志表示衷心的祝贺！祝贺您们为国家、为世界人类进步作出了重要贡献！

您身体如何？我祝愿您早日恢复健康！

此致

敬礼！

钱学森

1993.11.30

周光召为均匀设计法做了题词.

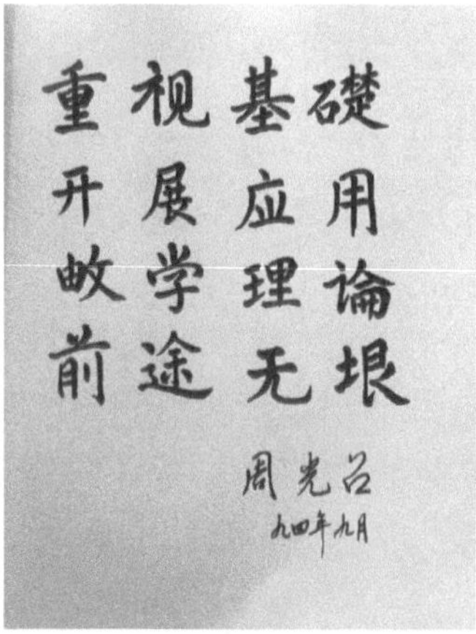

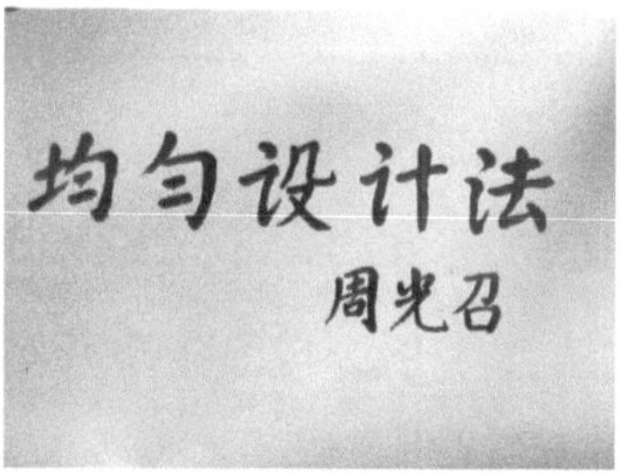

周光召题词

朱光亚特别要我去科学会堂作报告，他亲自主持. 我讲的过程中，见到他多次点头，我晓得他是认可的. 我得到了很大的鼓舞.

1994 年经批准，成立了中国数学会均匀设计分会，挂靠航天部三院，由方开泰任理事长，张建舟任秘书长，我任顾问. 北京的航天与海军等几个研究单位邀请我们去作报告，也开办过短期讲习班. 这时方开泰已去香港浸会大学工作, 常常由张建舟及北京师范大学教授刘秀芳与我一起去讲. 先由我作一小时均匀设计概况与学术框架报告, 张与刘讲细节与应用. 很多次报告, 数学所副所长韩锋都陪同我去.

方开泰去香港后, 我除领导学会做了许多卓有成效的工作外, 也参与了很多成功的应用, 并写了一些文章. 1998 年, 丘成桐倡议并主持了 “华人数学家大会”, 还创办了杂志《数学与人文》. 他曾邀请方开泰在第二届大会上作报告并约稿介绍均匀分布, 对我们工作给予重视与鼓励. 国外也有成功的应用, 例如, 美国福特汽车公司在初期的开发工作中及马里兰大学的癌症鸡尾酒药物试验方面都用到了均匀设计. 方开泰还应邀去福特汽车公司访问, 美国还将均匀设计法编程到统计软件包之中. 国外已经出版的《统计手册》与《统计百科全书》中详细介绍了均匀设计, 并请方开泰写了词条. 这是令人高兴的.

1993 年方开泰与王元在香港

8.4　君子协定

方开泰与我的合作是很成功的. 我们的合作不是共同去攻克一个难题, 而是互补的关系. 我做数学问题, 他做统计问题. 读者一眼就可以看出哪些工作是谁做的. 因此, 以数学为主的五篇文章的署名次序为王、方, 以统计为主的书与文章则按方、王署名. 虽然我多次表示有些著作, 我无贡献, 就不用署名了, 但方开泰坚持让我署名或让我为他的书写序言, 足见他的品德很高尚. 我们合作始终是愉快的.

方开泰学习统计的方法是以到工厂现场去解决实际问题为主来学习的. 这对我很有启发, 我则紧紧抓住他提出的一个个问题与案例来思考与学习, 使我也能在港台及国外作均匀设计理论与应用的报告. 其实我连一本统计书也未念过.

虽然统计主要需要 "小样本", 我认为由近似方法算出 "很好" 的样本就行了. 对于 "特小样本", 计算机是可以算出最佳偏差的样本的, 但改进不多. 另外, 对于偏差的定义也可以做些改变. 这些数学问题我就不介入了.

8.5　终点与起点的重合

在方开泰与我开始研究均匀设计时, 他提出的关于炸弹毁坏面积估计的问题, 我始终挂在心上. 用数学语言, 可以描述如下：

假定有一个固定圆 O, 另有 m 个等面积的随机圆 $O_1, \cdots, O_m$. 问：

$$(O_1 \cup \cdots \cup O_m) \cap O = S\text{的面积}S\text{的分布是什么？}$$

在此, 我们仍用 S 表示 S 的面积.

对于 $m=1$, 我们可以由 O 与 O_1 的圆心连线长度来表示 S 之真值. 当 $m \geqslant 2$ 时, 就很难找到 S 的解析表达式了. 为此我们曾在应用数学所举办了一个讨论班专门研究这个问题. 对于 $m=1$, 方开泰用等分格子点集 (古典网格) 与佳格点集 (数论网格) 进行计算机模拟计算, 证明佳格点要好很多.

当然应用数学是允许用模拟手段的, 即用一些例子来比较不同方法. 但如果能用 "理论" 来说明一下岂不更好？

2008 年, 我想到何不对 $m=0$ 时, 用偏差估计与几何数论的结果来做一个数学说明.

以高斯圆内整点问题为例, 古典网格的偏差不能好过 $O(x^{-\frac{3}{4}}\log^{\frac{1}{4}} x)$. 而数论网格偏差 (斐波那契序列) 可以达到 $O(x^{-1}\log x)$, 等等.

我写了一篇短文, 这是一篇纯数论文章. 但若不搞统计, 我是想不到古典网格以外的网格的, 理应与方开泰合作.

2016 年, 我突然收到不少国外杂志要我多发表一些细节的电子邮件, 我将其中的一封转给了方开泰. 不久我得了肺炎住医院, 从此就不看电子邮件了. 其实, 只要熟悉几何数论与伪蒙特卡罗方法, 这些结果就是显而易见的.

我搞均匀设计, 从这个问题开始, 又由这个问题结束, 真是一个巧合.

《统计中的数论方法》

第9章 数学史浅尝

访:

1984 年您主编出版了《哥德巴赫猜想》(英文版), 2002 年又出版了第二版, 这本书被公认为该主题的最好著作. 1995 年, 您撰写出版了《华罗庚》, 1999 年出版了增订版, 同年由施普林格出版社出版了英文版, 这本书有广泛的影响, 受到了国内外学术界和社会的普遍好评和重视. 所以, 您不仅是数学家, 也是数学史家. 您能谈一谈您是如何萌发从事数学史研究的想法, 以及编著以上两本著作的详细过程吗? 同时, 我们也注意到, 2000 年您和杨德庄教授合作出版了《华罗庚的数学生涯》后, 就没有数学史方面的著作了, 您是不再从事数学史的研究了, 还是又有一部大作在酝酿过程中?

9.1 《哥德巴赫猜想》

一个数学家, 无论他研究的领域是什么, 总应该对数学史, 尤其对他研究的领域之历史有所了解. 因此, 数学史应该是一切

数学家的 “必修课”. 但要专门研究它, 那就是另外一个问题了.

早在大学阶段, 我就对数学史有着浓厚的兴趣, 我从来就没有想到过我会涉足数学史的研究. 大约是 80 年代初, 我第一次萌发了一个想法, 即对哥德巴赫猜想的历史, 尤其是研究它而产生的原始思想与方法的提出与发展做一个客观的描述与评估, 然后附以重要的文献.

这一想法的来源可以追溯得更早一点. 我曾建议潘承洞为施普林格出版社写一本哥德巴赫猜想的专著. 他与他的弟弟潘承彪花了不少时间写了一本很好的书. 然而审稿者不认同, 理由是哥德巴赫猜想的主要成就 “三素数定理” 与 “陈氏定理” 已在其他不少书中刊出. 这是一种偏颇之言, 其实 “三素数定理” 是作为圆法与素变数指数和估计之应用而被讲到, 而 “陈氏定理” 则是作为筛法之应用. 以哥德巴赫猜想及其变体为中心, 而不是作为某些方法之应用的综述性专著还没有过. 我认为是值得有这样一本书的. 实际上, 这也是 50 年代, 华罗庚要我们撰写一本哥德巴赫猜想的 “乙种专刊” 的想法之延伸.

我决定换一个写作方式, 即将哥德巴赫猜想作为一本数学史书来写.

我写了一篇详细的 “导论”, 讲述了研究哥德巴赫猜想的主要方法的提出与发展, 尤其强调了原创思想, 然后附有二十多篇重要论文, 有的只有论文的一部分. 题名为 “哥德巴赫猜想”, 由我为编辑. 1984 年, 世界科技出版社出版了这本书. 出版后, 颇获好评. 例如, 苏联出版的《数学辞典》中的“哥德巴赫猜想”词条就是以这本书为主要参考书. 2002 年, 这本书应出版社之邀, 我做了一点补充, 又再版了一次, 即第二版.

9.2 华罗庚的提纲

80 年代初, 施普林格出版社总裁哥茨向华罗庚表示欲出版他的著作. 华罗庚表示他年纪大了, 有事可找王元商量. 哥茨向我表示希望将华罗庚的书《指数和的估计及其在数论中的应用》加以补充, 为施普林格出版社数学百科全书中的一册《解析数论》, 由华罗庚与我合著. 考虑到工作量太大, 我婉言推辞了. 哥茨还提出希望出版《华罗庚论文选集》, 这我当然很赞成. 华罗庚希望他的文集按四个部分, 即数论、代数与几何、复分析和其他部分来编辑. 前三部分的每一部分前均需写一篇介绍. 华罗庚提出分别由我、万哲先、龚昇与陆启铿来撰写. 他看完三篇介绍后, 曾对我说: “都可以, 你写的我最满意.” 我当即表示: “将来我可以为您写个传记.”

1985 年春, 华罗庚要我到崇文门他家去一下. 那时由中关村坐公共汽车去崇文门需要一个多小时. 到他家时, 见他躺在床上, 身体已很虚弱. 他对我说: “我估计你要一个多小时才到, 所以替你拟了一个 “传记” 提纲, 供你参考, 你看看行吗?” 提纲写在一张数学草稿纸的空白处:

(1) 完整三角和, Davenport 忘记了他是 Referee!

(2) Esterman 的怀疑, 改了几个字, 这是 Davenport 所谓 Linnik Hilbert 的本源.

(3) Tarry 问题.

(4) Vinogradov 的影响.

(5) 中国近代数学开始影响.

(6) 封锁与转变, 矩阵几何与 Auto. Fun.

(7) 半自同构与射影几何的基本定理.

(8) Cartan-Brauer-Hua 定理.

(9) 一顿饭的工夫解决了一个问题.

(10) 50 岁之后

数论导引

典型群

多个复……

高等数学引论

从单位圆谈起

(10′) 被王元拉上了一条路

(11) 对青年的关心

(12) "文化大革命", 抄家, 失手稿, 统筹, 优选, 跑遍全国, 在搞应用数学亦思考理论.

(13) 1980 年 8 月国际数学会议.

(14) 不畏艰辛, 不知辛苦.

(14) 芝加哥数学的报告会.

(15) 新老朋友.

“提纲”中第 (13) 款应为 1979 年 7 月 22 日至 8 月 1 日在英国达勒姆召开的国际解析数论会议. 又有两个 (14) 款相重叠了, 还有两个 (10) 款, 但另一个标为 (10′).

根据这张纸条, 除“文化大革命”中所受的迫害、普及“双法”、加入中国共产党, 及对青年的指导外, 只要将他列举的数学工作讲一下就可以了. 华罗庚特别提到不要讲他的童年, 主要就是要讲讲他的“数学生活”.

9.3 《华罗庚》

1985 年 6 月, 华罗庚在日本东京逝世, 我立即开始了撰写《华罗庚》这项工作. 除他要我撰写的内容外, 我决定写一本书, 全面地反映华罗庚传奇的一生, 包括他坎坷的经历、治学经验、学术成就、人格魅力与爱国情操. 这本书要以华罗庚为主线, 使读者能够看到中国近代数学发展的来龙去脉及时代背景的一部分, 也为中国近代数学史研究积累一些资料.

首先必须广泛地搜集素材. 我从《金坛文史资料》第三、六、八辑等书中了解到他的身世.

然后, 借去香港中文大学访问之机会, 我在该校“中文图书馆”里查阅了台湾出版的《传记文学》及海外一些华文报刊, 从这些材料中知道了他到清华大学工作的经历. 我又在那里查阅了内地出版的报刊, 从中了解到华罗庚的一些讲话, 特别查阅了海外搜集的“文化大革命”中之《大字报汇编》. 对于这些材料,我进行了认真思考与多方面仔细核对, 力求做到取材的真实可靠性.

华罗庚是一个对数学有多方面贡献的数学家, 他研究过的数学领域很宽. 我只了解其中的一部分. 对于华罗庚在数论及其应用方面的工作, 我是了解的. 但对他在复分析及代数与几何方面的工作, 我并不清楚. 幸好他的《论文选集》已经出版了, 还有《典型群》与《多复变函数论中的典型域的调和分析》两本书可以阅读与参考. 我花了一年时间将这些材料粗读了一遍. 在学习过程中, 我得到了许以超的多次帮助, 从而了解了华罗庚的复分析及代数与几何研究的概貌、背景与关联.

关于数学所的 “文化大革命” 情况, 我访问了陆汝钤. 关于华罗庚普及 “双法”(统筹法与优选法) 的情况, 我访问了计雷. 他们二位有特别强的记忆力, 对一些细节, 甚至各个事件发生的年月日还能记住.

当然, 华罗庚去世后, 国内外发表的回忆与悼念文章都在我的视野之中.

在有了相当丰富资料的基础上, 我开始执笔了. 每写完一两章, 我就将稿子放置起来, 将《华罗庚》的写作停下来. 过一年半载, 再回过头来, 我首先重读两三遍, 并进行补充、修改与文字修饰, 然后再继续写一两章.

这样经过了几年, 我终于将初稿写了出来, 再通读几遍. 我觉得书的篇幅太大了, 约六十万字. 于是我进行了一次大删繁, 其中有的章节干脆推倒重写. 这样共经历了七八年, 我终于将稿子写出来了. 我只请了几个朋友看了一下.

我决定不搞“首发仪式”, 也不请名人写序言与题词, 而是将书直接推进市场, 由读者给出评价.

1994 年, 我将书稿同时投交开明出版社与台湾九章数学出版社, 他们于 1994 年分别出版了简体中文版与繁体中文版.

这本书出版后, 在内地 (大陆) 与港台数学家中引起了广泛的关注. 中央电视台的《读书》栏目, 曾重点介绍了这本书, 即有半个小时的专访. 由“读书”栏目节目主持人提问, 我作答. 共放映了三遍. 放映期间, 正值全国人大与全国政协开会, 很多代表与委员都看了这个节目.

不久, 施普林格出版社新加坡分部决定出版《华罗庚》英文版. 他们请英国数学家肖文杰 (P. Shiu) 任翻译. 肖文杰自小即由香港迁居英国, 他已不会说中文, 但可以阅读中文书报. 他的夫人是英国人, 而且是学文学的, 可以帮助他工作. 肖文杰翻译得很好, 英文版于 1999 年问世. 施普林格出版社的东京分部决定翻译为日文出版, 并请数学家村上信吾等任翻译. 施普林格出版社的东京分部跟我签了合同. 大概是由于已经有了英文版, 所以虽然日文的翻译早已完成, 却并未面世, 我亦未再过问这件事. 以后又有日本的出版社欲出日文版, 他们通过曲安京来跟我联系, 我请曲安京全权处理. 大概是已经有了英文版, 亦未能正式出日文版.

开明出版社共印刷了 15300 册, 我还允许“希望书库”无偿印刷 10000 册. 以后, 我将《华罗庚》的版权转交江西教育出版社, 并做了补充修改. 他们又出版了 5000 册. 台湾九章数学出版社出了两版, 共 4000 册. 由于市场上早已脱销, 天津百花文艺出版社跟我签约欲重印《华罗庚》, 但未获天津市出版局认可, 所以未能执行出版合同. 值得喜悦的是 2009 年, 为纪念华罗庚百年冥寿, 大连理工大学出版社决定重印《华罗庚》1000 余册.

《华罗庚》出版后, 曾得到众多专家与群众的喜爱与鼓励, 他们来信表示致贺与好评, 其中有上百位教授. 这里我仅列举苏步青、钱学森、陈省身与杨振宁的来信, 及丘成桐的电子邮件如下:

王元院士同志:

新春诸维佳吉, 为祷为颂.

惠寄大作《华罗庚》一册, 确已收到. 对您不忘在远, 借此还可重温旧谊厚情, 于此特别表示感谢.

华老作古了, 但他的业绩永垂不朽. 从您这本著作还受到不少的教育, 对我这个年逾九十的老人真的是活到老, 学到老啊!

专复, 顺颂

研祺!

苏步青

1995.1.19

王元院士:

您元月 10 日信及您托秦文亮同志转赠尊作《华罗庚》都收到, 我十分感谢!

我也要衷心祝贺您被授予何梁何利奖!

我也要对您于元月 12 日在人大会堂授奖会上要王寿云同志转达的对我的关怀表示谢意!

您的书我一定好好读!

您信中说关于写我的传记的话, 我也十分感谢! 但我认为已有我的传记, 那是王寿云等几位同志写的, 有 1 万多字. 够了.

此致

敬礼!

钱学森

1995.1.17

王元:

谢寄来华传, 罗庚一生多彩多姿, 已是历史的人物. 回忆前情, 感触万端. 大作当为中国科学史的重要材料.

弟定 4/21 抵北京, 相见不远为快.

祝刻好.

省身

1995.3.15

王元兄:

信悉. 华罗庚传写得很好. 我自其中学到不少东西.

希望不久能在美国, 香港或北京见面即问.

暑安.

振宁

91 年 7 月 15 日

亲爱的王教授,

我欣赏你关于华罗庚的书 (I enjoy your book on Hua).

丘成桐

1999 年 8 月 6 日

钱文藻曾告诉我, 钱学森对《华罗庚》一书有好评.

9.4 《华罗庚的数学生涯》

根据《华罗庚》, 江苏电视台拍摄了一部八集电视连续剧.

这本书还获得台湾首届 “吴大猷科学普及著作金签奖”. 我专程去了台北领奖, 由杨振宁向我颁奖.

在《华罗庚》的写作过程中, 我参阅了国内外尽可能找得到的资料与评述. 这些材料非常宝贵, 应该更加充分地加以利用. 为此我与科大毕业生杨德庄商量, 是否应将这些材料编辑出版. 由于杨德庄很熟悉华罗庚的数学普及工作, 他可以撰写这方面的回忆与评论. 于是我们决定合编一本书《华罗庚的数学生涯》, 2000 年由科学出版社出版.

9.5 止　　步

摆在我面前的问题是我是否要将数学史的研究继续搞下去? 首先我要分析一下我搞数学史的 “优势” 在哪里, 我认识到: 一是联系自己的研究领域, 二是联系中国的近代数学. 我对解析数论中的哥德巴赫猜想是熟悉的，我对此已经作了发挥. 我研究过的其他领域都较窄，似不宜写其历史. 另外，除了华罗庚之外，国内再也找不到学术成就像他这样档次的数学家了. 看来，我的“优势”已经用完了，也就是说，我已无法再搞近代数学史了.

在撰写《华罗庚》的过程中，我熟悉了中国近代数学成就的一部分，因此，也可以考虑写一本“中国近代数学史”. 如果将此列为计划，大体上需要六七年来完成. 如果要干这件工作，我必须学习很多我不熟悉的数学知识，及采访各方面的专家与知情人，特别是涉及对各个不同领域的数学家与工作的评价与平衡. 这不仅难度极大，而且还可能严重地夹杂着个人感情与偏爱等主观因素，从而引起不公正并导致一些人的不满. 我退却了，因此我决定关闭我的数学史研究.

《华罗庚》(中文版)

《华罗庚》(英文版)

第10章 落下帷幕

访:

一个科学家的文集或者是选集,一般都收录了这位科学家多年从事科研工作的代表作和主要作品,可以说文集体现了一位科学家的终身工作情况. 1999 年湖南教育出版社出版了您的文集,选取的文章时间从 1956 年到 1998 年,跨度几十年,比较完整地体现了我国数论的发展历程. 2005 年世界科技出版公司出版了您的选集的英文版 (*SELECTED PAPERS OF WANG YUAN*). 您能和我们谈谈出选集的过程,以及选集出版后学界的反响吗?

另外,您还在科学普及方面做了不少工作,翻译、撰写、主编过很多著作,晚年又喜欢书法. 希望您谈谈这些方面的情况.

10.1 《王元文集》

我对数学的学习与研究过程已在第 5 章至第 9 章中做了阐述. 有一个共同点就是我进入每一个领域都较早,即在该领域发展的早期就进入,这时较易出成果,看来愈晚进入愈难做!

看来我的数学研究工作可以结束了！剩下来的事情就是出版一本《论文选集》了. 我的数学工作是否有点可取之处, 就任凭后人来评说吧！以后就应该干些力所能及的事及自己感兴趣的事了.

90 年代后期, 湖南教育出版社 (湖教社) 孟实华跟我联系, 该社决定出版我的《论文选集》. 对一个数学家来说, 著作的出版, 无疑是最为要紧的事. 出版文集则更为重要. 一方面, 我感到荣幸; 另一方面, 我又很忧虑, 到底我的工作有多少价值？自从湖教社提出这件事后, 我一直在对我的工作进行反思与评估. 我深感原创性不够, 但我还是同意出版了！文集的出版, 无疑对我的工作来说, 是一面镜子, 我希望看看出版后的反映. 我请杨乐与潘承洞作为《王元文集》的编辑, 杨乐执笔写了一篇序言. 文集系中文版, 于 1999 年面世, 出版后无甚反映.

这时广东科技出版社 (广科社) 与施普林格出版社新加坡分部 (施社) 有业务联系, 他们有联合出版中国数学家文集 (英文版) 之意向. 广科社的编辑郑丽华来征询我的意见, 我说："我支持这项工作, 但入选的中国数学家一定要由施社提名, 你们不要主动提名."

施社新加坡分部负责人雪利写信给我说, 该社打算与广科社联合出版陈景润、陆启铿与我的数学文集 (英文版). 为了扩大影响, 他们准备将三个人的文集同时推出, 请我帮忙跟陈景润与陆启铿联系.

情况有些复杂. 《陈景润文集》已由江西教育出版社 (江教

社) 出版了中文版, 我的文集则已由湖教社出版了. 这两个出版社是否愿意将英文版权出让给施社与广科社? 陈景润已过世, 我将这件事告诉了陆启铿. 同时写信给江教社与湖教社征询意见, 他们均不愿意将版权出让. 这样一来, 三个人的文集同时推出的计划是不可能实现了.

因此我向施社与广科社建议由施社与广科社联合出版《陆启铿文集》英文版, 而由江教社、湖教社与施社联合分别出版陈景润与我的文集英文版. 施社不同意我提的方案, 坚持要同时推出三个人的文集英文版. 因此, 这件事未能达成协议而搁浅了.

接着, 雪利给我寄来了一张合同, 施社要跟我单独签约, 出版我的数学文集英文版. 我考虑后担心我的工作原创性不足, 同时涉及湖教社的版权问题, 我决定再认真考虑一段时间后再做决定更妥, 所以未予肯定答复. 但趁此机会, 我将湖教社出版的我的文集中用中文发表的文章译成了英文. 不久, 施社新加坡分部被撤并至施社香港分部, 雪利也调换了工作. 施社香港分部无意再做这件事, 所以在施社出版我的文集就作罢了.

2004 年, 许忠勤来电话, 告诉我新加坡世界科技出版公司 (世科社) 有意出版我的数学文集英文版, 我当即表示接受, 但提出要世科社给我一封正式的邀请函, 并要求他们征得湖教社关于我的论文集的版权的出让.

我写信给湖教社编辑孟实华谈及这件事, 孟实华表示湖教社免费让出英文版权. 同时, 我收到了世科社总编辑潘国驹签署的正式邀请函. 由于我的数学文集的英文稿早已准备好了 (与中文版仅有少数文章相异), 所以只要做一点校订, 即可交稿. 考虑到中文版的序言对我的数学工作仍有溢美之处, 我理解从编辑的立场出发, 也只能这样写. 于是, 我决定由我自己任编辑, 并写了如下的一篇序言:

早在 1998 年, 杨乐与潘承洞教授, 及我的许多朋友与同事就催促与鼓励我出版一本论文选集, 这是由于我的绝大部分论文都是在中国用中文发表的, 在其他地方很难找到. 1999 年, 湖南教育出版社, 特别是孟实华女士帮助我在该出版社出版了一本中文文集.

现在, 世界科技出版公司及潘国驹博士邀请我出版一本我的论文选集之英文版. 这确实是我的荣幸, 我接受了这一邀请. R.T. 谭女士及 E.H. Chionh 女士帮助我做编辑工作.

1952 年, 我从浙江大学数学系毕业后, 即到中国科学院工作. 我的老师华罗庚教授指导我进入了数论领域. 我们还长期合作搞数论在近似分析中的应用之课题. 我的另一个长期合作者为方开泰教授, 我们合作的领域为试验设计. 为了使读者了解我的生平与工作, 本文集包括了李文林与袁向东教授的相关文章.

读者可以看到我的工作是与以下数学家的工作相关, 并受到他们之影响的: N.C. Ankeny, N.S. Bahvalov, A. Baker, V. Brun, A.A. Buchstab, D.A. Burgess, J.R. Chen, T. Cochrane, H. Davenport, P. Erdös, K.T. Fang, G.H. Hardy, L.K. Hua, N.M. Korobov, P. Kuhn, Yu. V. Linnik, J.E. Littlewood, T. Mitsui, C.D. Pan, W.M. Schmidt, A. Selberg, C.L. Siegel and H. Weyl.

最后, 我愿意借此机会向给予我大力帮助的同事与机构致以衷心的感谢.

王　元

10.2 学界评价

2005 年, 《王元文集》(*SELECTED PAPERS OF WANG YUAN*) 正式出版了. 潘国驹给我寄来了两份书评. 这是对我终身工作的评价, 现录于后:

王元于 1930 年出生于中国浙江省. 1952 年, 他毕业于浙江大学, 由政府统一分配至中国科学院数学研究所工作. 一年后, 他参加了数论组, 在华罗庚指导下工作. 在往后的岁月中, 他发表了 70 篇论文及 11 本书. 这本文集搜集了王元的 40 篇研究论文.

王元最著名的工作可能是他关于筛法的研究. 当他于 1950 年年初开始其研究生涯时, 赛尔贝格 Λ^2-筛法是一个相对新的工具. 王元将赛尔贝格筛法与布赫夕塔布迭代法结合起来, 产生了一个下界筛法. 筛法专家认为他的这种处理方法是安基尼与奥涅西的工作的一个前驱 (见*Acta Arith.*,10(1964-1965): 31-62; MR0167467(29#4740)). 将这种处理方法与孔恩的加权结合起来, 王元于 1957 年证明了: 若 GRH 成立, 则存在无穷多个素数 p, 使 $p+2$ 为一个 P_3(一个 P_r 是指最多含有 r 个素因子的整数). 在 1965 年, 庞比尼–维诺格拉朵夫定理证明之后, 王元的证明易于改为一个无条件之证明. 当然, 这方面最好的结果是陈氏定理(1973), 即无穷多次成立 $p+2=P_2$. 陈景润的证明用到了哈贝尔斯坦与黎切尔特的线性筛法. 它涉及用任意多次布赫夕塔布迭代, 而与丁夏畦及潘承洞合作的论文中, 王元证明了, 用他的技术上较简单的筛法 (它只用一、二次布赫夕塔布迭代) 即足以证明陈氏定理.

王元还证明了: 若 F 是一个 g 次既约多项式, 则当 $g=3,4$ 或 5 时, 有无穷多个整数 n 使 $F(n)=P_{g+1}$. 以后, 黎切尔特将这个结果扩充为任意 $g\geqslant 3$, 及伊万尼克证明了: 一个二次的 F 可以无穷多次表示 P_2. 王元的另一个有趣的结果涉及拉丁方: 命 $N(s)$ 表示 s 阶相互正交的拉丁方个数. 王元用筛法证明了: 若 $s\equiv 2(\mathrm{mod}4)$, 及 $s\geqslant 6$, 则 $N(s)\gg s^{\frac{1}{26}}$. 这个结果以后被威尔逊改进为 $N(s)>s^{\frac{1}{17}}-2$ (见 *Discrete Math.*, 9(1974): 181-198; MR 0345845(49#10575)).

这本文集中涉及的其他领域包括 σ 与 φ 函数的性质 (包括与辛哲尔合写的一篇文章)、丢番图逼近 (包括与施密特合作的一篇文章)、丢番图逼近对数值积分的应用 (包括与华罗庚合作的系列六篇文章), 及数论对应用统计的应用 (包括与方开泰合作的四篇文章), 总之, 本论文集构成了中国数论的一个显要人物的美好贡献.

革雷姆 (S.W. Graham)

(见 *Math. Rev.*, 2169293, 2007c11002)

中国数学家王元是近代中国数学发展中的一个有影响与重要的人物. 他是他的老师杰出数学家华罗庚长期的助手与合作者. 在“文化大革命”前, 王元本人也经常活跃于中国数学的中心舞台. “文化大革命”中, 他们二人都遭到了难以忍受的攻击.

在评的这本论文选集包含了王元对数学的绝大多数重大贡献. 在数论方面, 有他关于哥德巴赫猜想的多篇论文, 及素数的最小原根、代数数域上型的丢番图不等式. 数值分析的论文中包含了他与华罗庚合作的将丢番图逼近用于数值积分的工作.

由于有个别文章之末加了一些对新近发展之评论, 特别, 由于王元本人是他自己论文选集的编辑, 这本书的价值被很大地提升了.

肖文杰 (P. Shiu)

1995.3.15

(见*Zentr. Math.*, 1119: 15, 2008, 01026)

2008 年 1 月, 美国依阿华大学教授叶扬波去普林斯顿高等研究院参加了赛尔贝格的纪念活动, 他写信给我说:

我还和 Gallagher 教授进行了长谈. 由于看到了您的照片, 他一上来就称赞您关于 “1+3”“1+4” 的结果. 他告诉我, 自从 Bombieri-Vinogradov 证明了均值定理之后, 他就一直认为“1+3”“1+4” 的结果是您证明的. 他 1966 年在 Columbia 大学开设的解析数论课上, 就是按照您的文章, 讲授了您关于 “1+3”“1+4” 的无条件证明. 他称赞您的证明写得非常好, 尤其是对最后几步计算的处理, 非常简洁, 比当时这方面的其他论文要清晰、漂亮许多. 他还告诉我, 美国数论界许多同行也都持有同样的观点.

我告诉他, 您在 1966 年审阅陈景润教授的 "1+2" 摘要时, 一眼就看出陈文的要点, 及您的高尚风范. 他听了也非常赞许.

他还夸奖您的其他工作, 一个是素数最小原根, 一个是整值多项式表殆素数.

他说他有一部华老的中文版《数论导引》. 他尤其称赞《数论导引》中关于密率定理的证明很有新意, 比历史上的四个证明都好. 我知道《数论导引》这部书您做了许多工作, 但是不知道这一章是否出自您手, 没有跟他多说.

我告诉 Gallagher 教授, 我要把他称赞您的话转告给您. 他很高兴, 要我一定给您写信, 同时代他向您致意.

叶扬波上

二〇〇八年元月十四日

Gallagher 教授是著名解析数论专家、哥伦比亚大学终身教授, 信中所说《数论导引》关于密率这一章是我协助华罗庚写出的.

我的研究在于筛法方面, 在做 $(1,a)$ 时, 缺了一条 "中值公式", 所以我做的 (1,4), (1,3) 都是条件结果. 我当时假定了 GRH. 潘承洞在于形成并证明了某种 "中值公式", 从而完全证明了 (1,5), (1,4). 陈景润则是在我的 (1,3) 的框架基础上, 多算了一项, 即他的 "转换原理", 从而得到了 (1,2). 他们的工作绝对是非常优秀的.

潘承洞曾对我说过, 一些筛法文章写得不清楚, 您的文章很清楚. 陈景润对我说过, (2,3) 很好, 已不能再改进. 我的 (2,3) 是初等方法, $(1,a)$ 则需较高深的知识.

10.3 科学普及工作

无论是年龄, 还是体质, 我都很难再从事繁重的数学工作了. 但我仍不愿意完全停止工作. 我找了一些力所能及的事来做.

我与潘承洞及贾朝华一起编辑了华罗庚的数论著作选集, 已由科学出版社出版.

我与潘承洞一起编辑了《陈景润文集》, 由江西教育出版社出版.

我翻译了经典的代数数论书——赫克著《代数数理论讲义》, 2005 年由科学出版社出版.

我与李文林合译了谢克特著《我的大脑敞开了——天才数学家保罗 · 爱多士传奇》, 2002 年由上海译文出版社出版.

我与胥鸣伟合译了罗密斯与斯特恩贝尔格合著的《高等微积分》, 2005 年由高等教育出版社出版. 这本书我只译了百分之二十左右.

1995 年, 我曾去台湾 "中央研究院" 访问两个月, 这期间, 我去高雄成功大学访问了一周. 东道主是方源, 他提出与我合写一本《微积分教程》. 我原以为是以他的讲课讲义为基础, 由我来做些修订就行了. 这也是友谊合作, 于是我就答应了. 后来我看了他的部分手稿, 写得很好, 而且是用英文写的. 施普林格出版社香港分社同意出版英文版本. 这样, 我就成了分占他的成果了. 于是, 我只能将剩下的工作尽量担当起来, 即将全书译成中文并将书中列出的全部未做习题做了一遍, 略为弥补一下我可能做的一点工作. 这本书无疑全是属于方源的, 1997 年由施普林格出版社出版 (英文版).

1995 年王元与方源在台湾

山东教育出版社编辑慕鹏很热心于出版我的科学普及著作. 我与李文林将我过去发表过的科普著作搜集起来, 请李文林帮忙任编辑, 他将文章作了分类, 并将书名题为《王元论哥德巴赫猜想》, 于 1999 年出版.

以后, 我又陆续写了一些数学普及文章及各种杂文. 大连理工大学出版社有意将这些文章整理成册出版, 这次由我自己任编辑, 编辑了一本文集交给了他们, 书名暂定为"数论学习札记", 他们改名为《王元谈求学之路》.

我主持了《岩波数学辞典》与《苏联数学大辞典》的翻译工作.

我还参与了科学出版社编辑的两本书《数学大辞典》与《20 世纪中国知名科学家学术成就概览》, 我均被任命为主编.

我花了很多心血于《数学大辞典》上, 首先将全书分成十七个编写组, 由组长负责该组词条的制订及撰稿人与审稿人的选择与确定. 主编与副主编仅负责与各组长联系与协调工作. 这样就很大地调动了大家的积极性. 共有三百多位数学家参与撰稿, 二百多位数学家负责审稿, 使这一工作得以相对比较快地完成了. 书出版后, 受到读者的热烈欢迎与上级领导的大力支持. 国家出版基金给予二百六十万资助, 继续编写五本大辞典, 包括数学 (第二版)、物理、化学、地学与生命科学. 现在数学卷的第二版已问世, 至今《数学大辞典》已印刷了六次, 可见需求量之大.

为了纪念华罗庚诞辰一百周年, 高等教育出版社决定重印华罗庚的《高等数学引论》. 他们要我负责校订, 我为该书写了一篇介绍, 可作为"导读". 这套书共四册, 已于 2009 年出版. 以后由剑桥大学出版社出了英文版.

我从香港大学曾启文那里得到赛尔贝格在香港讲的解析数论讲稿, 共 50 页, 我将其细节补充并写出, 共约 100 页. 赛尔贝格逝世后, 发表在 IAS 的网页上, 这是对他的纪念. 我是从学习他的筛法开始我的数学生涯的.

我的最后一本书是与冯克勤合译的《算法数论》的上册，由高教出版社出版. 以后可能还会出版一些科普著作.

10.4 醉心书法

在我六十六岁的时候，我考虑到应该将年轻时候的爱好重新抓起来. 这些爱好都因为要专攻数学而被搁置了起来. 看来似乎只有书法还可能拿起来，这是由于绘画必须有老师的指导. 此外，在大学期间，我参加过浙大的提琴队，那时就深感由于在中学时我拉过胡琴，而提琴与胡琴的手指抖动是不同的，感到改动之困难. 更由于拉提琴的速度与力度均很不够，在当时我已意识到提琴跟我是无缘的. 书法也许可以临帖自学，逐步深入提高，我决心尝试学习书法.

1996 年 9 月 18 日开始，我从楷书入手学习，先练柳体，后转颜体，欧体、赵体则临得很少. 经过一段时间，我更欣赏柳体. 于是，我临摹了多遍《玄秘塔碑》. 但我更喜欢行书、草书，于是我转入临摹王羲之的《圣教序》，然后临摹王羲之与王献之的草书，再转而临摹董其昌的楷书与怀素及毛泽东的草书. 直到十年之后，我才将写字时间分为自己秉笔直书与临帖几乎各占一半.

我与欧阳中石同在全国政协无党派组 (1998—2002)，这是我的缘分. 其次，更早些年，国务院送给中国第一批博士生导师每人一幅字，我得到的就是欧阳中石写的一张横幅. 我向他提起他曾送给我一幅字，他一点印象也没有了. 确实，我们早就有缘分了. 每年政协开会期间, 我们同住一个旅馆, 我可以抽一个晚上去拜访他. 我将临摹的字带过去请他指教, 但对我帮助最大之处还是观摩他写字.

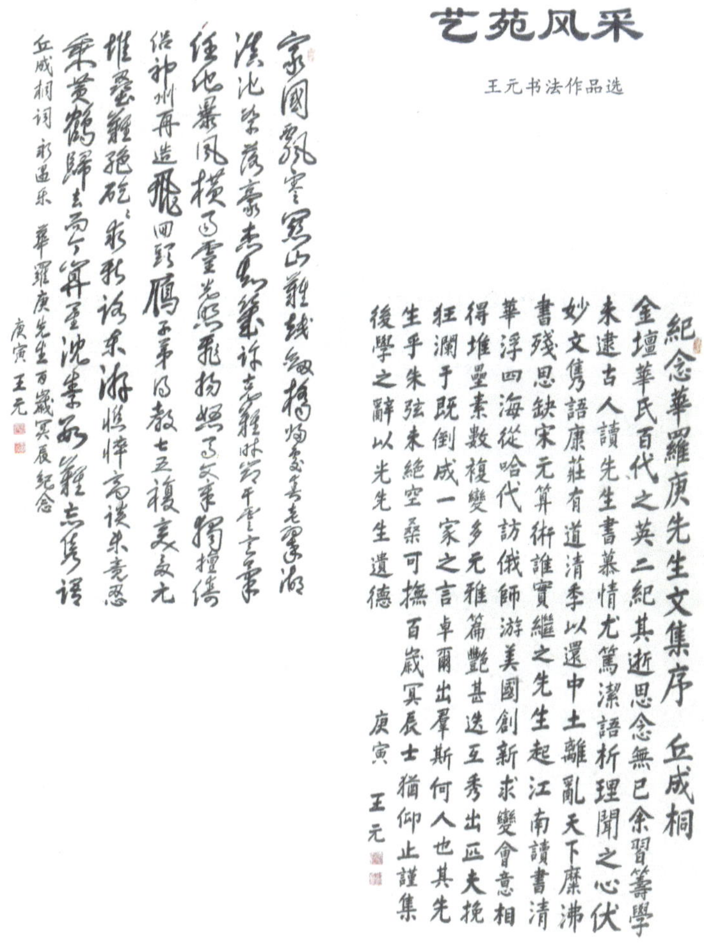

2011年《学部通讯》上刊登的王元书法作品选 (书法作品写于 2010 年)

有一年的政协会议, 我与欧阳中石同住在中土大厦. 宾馆经理请他作书, 他邀我同往. 当时, 他写完后, 宾馆经理要我也写一张，我写了一张横幅“大展鸿图”. 因平时我不写那么大的字，也不会悬腕写字，所以写字时，我的手抖得很厉害. 这使我了解到握笔的方式对我的重要性. 2003 年，我不当了政协委员之后，还去过首都师范大学拜访过欧阳中石，他也去中央电视台与中科院参加过几次书法活动，对我与其他书法爱好者进行指导. 我再次观摩了他作书，特别是他的握笔，这无疑对我有很大的帮助. 我几次听到欧阳中石关于学习书法的精辟论述，我基本上是按他的意见学习书法的.

受到兴趣驱动，我的书法学习始终未停止.

对于一个职业数学家来说，唯一的也许是最重要的事只有一件，那就是他的数学工作. 所以对我来说，剩下来的事应该是对我的数学研究工作进行认真反思. 早在 1982 年，应日本《科学》杂志之邀，我写了一篇简单传记《我的数学生活》，以后又发表了《我的回忆》与《解析数论在中国》，译者都是白岛富美子女士，这些文章不包括我在 1982 年往后的数学工作，且太简略，这促使我想留下一本较详细的“回忆录”来记述我的学生生活与数学生涯，时间截至 2010 年，即我八十岁时为止. 其他方面也可以谈谈. 我准备慢慢地回忆、思考与记述.

我于 1967 年结婚，育有二子. 他们对我的工作非常支持，帮助尤多. 他们一贯低调做人，不愿意在我的回忆录中记载他们的事情，我尊重他们的意见.

《王元论文选集》

《微积分教程》(封面为商高定理的推广)

自然科学大辞典系列
数学大辞典
(第二版)
总主编 王 元
副总主编 文 兰 陈木法
DICTIONARY OF MATHEMATICS
(Second Edition)
科学出版社

《数学大辞典》(第二版)

中国人名索引

(本索引包括出现的人名及第一次出现的章节处)

外国人名索引

附录

我的疾病与治疗

一

在我六十岁以前很少生病，基本上也不吃药. 但过了六十岁，身体就不行了. 最早发病是头晕，半夜醒来，感到房子在转动. 这样过了两天，我去西苑中医研究院附属医院住院，经中药、输液治疗一个月后出院. 不久又反复了，我又去西苑医院短期住院两次. 医生说是脑供血不足与高血压所致.

我的另一疾病是前列腺增生，排尿不畅. 我对疾病缺乏常识，幸好数学所对我很照顾，派杨志凌 (女) 来陪我治疗. 她联系我去解放军 301 医院治疗. 1993 年，经她的朋友陈红介绍，杨志凌与我一起去找了泌尿外科主任李炎唐，我们是到他的办公室去找他的. 在办公室见到邓小平与他的合影，他曾为邓小平做过前列腺电切手术，名气很大. 他为我做了指检，然后，他建议我住院做激光切除手术，我答应了.

那时，301 医院刚进口了一台西门子公司出产的激光手术仪器. 在我之前，只有外国医生做了几次示范手术. 我差不多是国内最早接受激光治疗前列腺的病人之一. 这也是我第一次上手术台. 这次手术是半麻醉. 由李炎唐与他的助手陈红一起做. 手术三天后, 撤去尿袋, 不料解不出尿来. 又做了第二次手术, 仍解不出尿, 于是又戴上了尿袋. 这时有些高级干部因激光治疗效果不好, 反对使用激光, 医院就停止了激光治疗手术.

李炎唐决定给我做电切手术, 麻醉师也跟我见过面了, 就在当天晚上, 居然小便畅通了. 这就取消了第三次手术, 进行观察. 几天后我就出院了. 共住院三个多月.

二

1996 年, 我有尿血现象. 那时正值全国政协会议期间, 我与李炎唐同住一个旅馆. 我将这个情况告诉了他, 他表示会后可以替我检查一下. 会后, 我去 301 医院挂了他的专家号, 他用膀胱镜替我检查了一下说: “不是癌症”, 又说: “看来激光治疗的长期疗效不佳, 我看不要用激光与电切了, 你就做开放切除吧, 我看你的身体是可以承受的.”

开放手术治疗当然很彻底, 但毕竟有风险. 我未敢接受这个建议. 经华俊东 (华罗庚的长子) 介绍, 我去找了北大医院 (即北医一院) 郭应禄 (工程院院士). 他说: “做手术与否都可以”. 我体会他倾向于不做手术.

这样又过了 11 年, 至 2007 年 5 月, 我的排尿已愈来愈困难. 我决定做手术了. 我住进了北大医院泌尿外科病房. 这时北大医院已不用激光治疗了, 他们基本上用电切治疗, 但他们仍倾向于能不做手术最好. 经一个月的检查, 一方面我不做手术确实不行, 另一方面, 我的身体是可以承受电切手术的. 医院决定由潘柏年主任亲自为我做手术. 手术用局部麻醉, 共切除了 43 克 (据说上限为 60 克), 手术圆满成功.

三

我的心脏愈来愈不行了. 发病时, 我感到心慌与胸闷, 走路十分钟就要休息一下再走, 甚至晚上出虚汗. 我意识到恐怕仅用中药调理是不行的, 须用西药治疗了.

2000 年, 杨志凌陪我去合同医院北医三院治疗. 医生劝我住院检查, 我说:"马上政协就要开会了, 我是否要请假住院?" 她略思片刻后说:"你还是去开会吧, 有驻会医生, 有事他们会安排给你治疗的."

于是, 我就去开会了. 除心慌、胸闷与出冷汗外, 爬楼梯, 我也需要休息多次. 我立即去找驻会医生, 她是由人民医院 (即北医二院) 派来的. 她说:"人民医院可以做造影检查." 让我立即随她去人民医院住院检查. 于是在会议的第三天, 我就住进了人民医院. 医院决定由造影室主任王伟民亲自给我做检查. 王伟民是留美回国的年轻医生. 这次手术也是半麻醉, 探头是从大腿根部进入心脏的, 手术过程可以看电视屏幕. 手术过程中, 王伟民问我:"我给你搭两个支架好吗?" 我当即答应了. 于是, 他替我搭了两个支架.

查房时, 胡大一主任发现我的红血球指标过低, 需吃一个月氯吡格雷, 因这个药在我国尚未上市, 所以必须在医生监督下服用. 幸好我让在香港工作的朋友方开泰在香港替我买了两盒寄来. 一个月后出院, 心脏如同常人一样. 我将合同医院由北医三院转至人民医院. 2007 年, 前列腺电切手术后, 我又将合同医院转至北大医院.

四

2007 年, 我又感到心脏很难受了. 在中关村医院住了两天后, 杨志凌送我住进了北大医院. 第一天做检查, 第二天下午, 心内科主任及其他几位负责人来到我的病房, 主任告诉我, 他们已经跟阜外医院联系好了, 将我转到阜外医院治疗. 当晚我就搬入重症监护室的一个单间住.

第二天清早, 我就被送去阜外医院重症监护室. 看来我需要做大手术了. 但从我的胸部照片看, 我可能患有肺结核病. 大夫告诉我: "如果有肺结核, 做手术时, 就会立即向全身扩散." 怎么办? 我是否需要先转到肺结核病医院治疗? 为此, 医院请来协和医院与人民医院的专家来看我的胸片子, 他们的结论排除了我患有肺结核病的可能.

我从重症监护室转入了心内科病房, 继续检查, 主要是心脏造影检查. 这次探头是从手臂上端进入心脏的, 离心脏近了, 因此痛苦也少了. 造影表明我原来的两个支架一点都没有坏, 而是别的地又堵上了.

我从心内科病房转入心外科病房时, 我不知道由哪位大夫主刀替我做手术, 我未向医院提出任何要求, 完全相信并听命于医院的安排. 医院安排了最强的团队为我做手术, 团队包括医院院长胡盛寿、麻醉科主任李立环与心外科主任熊辉等. 后来得知我的二尖瓣后叶断裂, 需修复, 并加上金属环, 还要搭两个桥. 需要将心脏拿出来做好后再回放.

11 月 1 日, 我做手术那天早晨, 杨乐、杨志凌等与家属齐聚病房. 杨乐曾建议我在外地的小儿子也回来见面, 我说:"不必了". 我像以前做手术一样, 并不恐惧. 我们在病房里, 有说有笑, 没当回事. 不久, 医院送我去手术室的推车来了, 我就上推车走了. 在路上, 麻醉药发作了, 我就完全昏迷不醒了, 所以, 我不知道手术室是个什么样子.

半夜里我醒了, 仿佛意识到我大概已在手术室里了. 我病床两边各有一位护士看护我, 非常亲切. 我感到我的心脏像被针刺一样地痛, 甚难忍受. 我考虑是否要向医院提出不要做手术了? 就在这时来了一位大夫, 她说:"今天是你手术后的第一天, 祝贺你."“怎么? 我的手术已经完成了, 我太高兴了!”顿时觉得心脏的刺痛消失了. 我问护士, "现在几点钟了". 她说:"一点多了."

我在监护室住了几天, 又搬回心外科病房继续休息. 心内科主任黄晓红曾告诉我:"手术后, 胡院长一直未回家, 直到你醒了,他才放心地回家了.” 真太辛苦了!

我在心外科病房住了半个月, 应我的要求, 我又搬去心内科病房住了三天, 于 11 月 19 日晨离医院回家. 家属与研究所的人都十分惊奇, 这么快就出院了!

11 年了, 我的心脏一直安然无事, 真是奇迹啊!

五

这些年来, 我还得过如下的病:

(i) 带状疱疹: 在中关村医院门诊, 经红光照射治愈.

(ii) 肾结石治疗: 在中关村医院门诊, 经碎石科副主任孙兴田用碎石机治疗, 直至医院停止这项业务为止.

(iii) 急性阑尾炎: 我感到腹痛与发烧, 经中关村医院诊断为急性阑尾炎. 我立即住院并决定于当天做手术. 医院很重视, 由外科主任许庆领衔做手术, 心内科主任潘明康负责监测心脏, 特别从院外请来麻醉师替我做全麻, 所以在手术进行时, 我全然无知觉. 后得知已快穿孔了, 幸好及时做了手术.

(iv) 2016 年 2 月 2 日, 由于咳嗽与高烧, 我立即住进了中关村医院, 经检查是肺炎. 2 月 8 日就是大年初一. 一天晚上, 我起床关窗子, 咳嗽引发了腰椎骨折. 只能卧床不动, 连挪动一下身体都极困难. 春节假后的第一天, 呼吸科主任孙丽与副主任苗深文就将我转入北医三院呼吸科继续住院治疗. 经呼吸科与骨科会诊, 骨科认为我的腰椎不需治疗, 养着就行了. 他们替我配了一个腰围. 因此只需全力治疗肺炎, 约一个月出院. 因腰椎骨折, 生活完全不能自理, 所以, 我又进入中关村医院继续住院治疗, 直至 5 月 7 日出院.

六

我想我应该去一个养老院继续疗养. 我选择了丰台区的“看丹养老公寓”, 并于 2016 年 6 月 1 日住了进去. 我租了一间包括洗手间在内的建筑面积 27.5m^2 的朝东房子. 伙食当然不如家里或所里的公共食堂, 但还可以接受, 而且近旁有两个饭店可以去改善生活. 养老院有养生盐屋、阅报室、书画室、乒乓球室等, 但无甚树木. 养老院最大的优点为护工很好, 晚上管查房, 如果有病, 可以呼叫她们, 她们会立即通知养老院医务室的医生来抢救或送到附近医院去治疗, 因此非常安全与放心. 护理我最多的三位护工叫李玉英、任玉玲与马焕阁. 养老院的住户多为有病者, 只有很少数人较健康, 如齐月华、付立新、李淑珍等, 我跟他们有较多来往, 直到 2017 年 5 月 24 日, 我才搬回家住, 共待了差一周一年.

在家住了几个月后, 我搬到研究院招待所住, 这里周边环境与饮食都很好, 缺点是万一半夜有病, 去医院难一些.